AF542777

MINISTÈRE DU COMMERCE, DE L'INDUSTRIE,
DES POSTES ET DES TÉLÉGRAPHES

DIRECTION DE L'ASSURANCE ET DE LA PRÉVOYANCE SOCIALES

RAPPORT

ADRESSÉ À M. LE MINISTRE DU COMMERCE

AU NOM

DE LA COMMISSION

CHARGÉE D'ÉTUDIER LES DISPOSITIONS LÉGISLATIVES
AUXQUELLES POURRAIENT ÊTRE SOUMIS

LES CONTRATS D'ASSURANCE

PAR

M. CH. LYON-CAEN,
RAPPORTEUR GÉNÉRAL.

(17 JUIN 1904.)

RAPPORT

ADRESSÉ À M. LE MINISTRE DU COMMERCE

AU NOM

DE LA COMMISSION

CHARGÉE D'ÉTUDIER LES DISPOSITIONS LÉGISLATIVES

AUXQUELLES POURRAIENT ÊTRE SOUMIS

LES CONTRATS D'ASSURANCE[1]

PAR

M. CH. LYON-CAEN,

RAPPORTEUR GÉNÉRAL.

(17 juin 1904.)

Monsieur le Ministre,

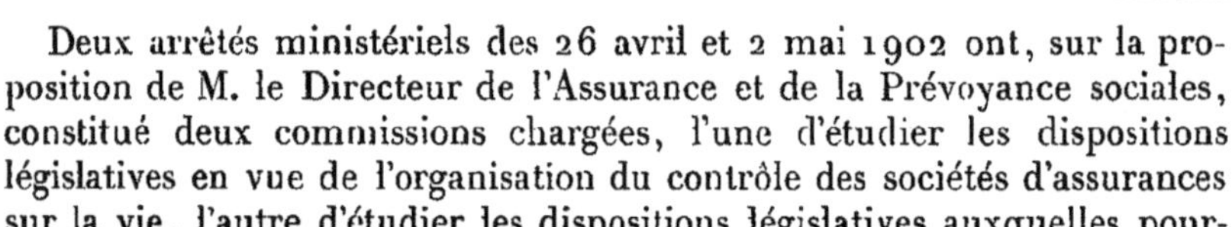

Deux arrêtés ministériels des 26 avril et 2 mai 1902 ont, sur la proposition de M. le Directeur de l'Assurance et de la Prévoyance sociales, constitué deux commissions chargées, l'une d'étudier les dispositions législatives en vue de l'organisation du contrôle des sociétés d'assurances sur la vie, l'autre d'étudier les dispositions législatives auxquelles pour-

---

(1) Cette Commission était ainsi composée :

M. le Ministre du Commerce, *président;*

MM. Georges Paulet, Directeur de l'Assurance et de la Prévoyance sociales, *Vice-Président;*

Lyon-Caen, Membre de l'Institut, professeur à la Faculté de droit de l'Université de Paris;

Berr, Président de chambre à la Cour d'appel de Paris;

Lefort, avocat au Conseil d'État et à la Cour de cassation;

Grimprel, Président de l'Union syndicale des compagnies d'assurances à primes fixes de toute nature; Président du Comité syndical des compagnies d'assurances à primes fixes sur la vie; Directeur de la *Nationale* (vie);

Fassy, Président du Syndicat des compagnies d'assurances à primes fixes sur la vie; Directeur de l'*Urbaine* (vie);

Mayen, Président du Syndicat des compagnies d'assurances à primes fixes contre les accidents; Directeur de la *Prévoyance* (accidents);

raient être soumis les contrats d'assurances. Ces deux commissions avaient ainsi à embrasser, en laissant de côté les questions fiscales, l'ensemble des problèmes législatifs que soulèvent les assurances, en s'occupant, la première des questions de droit public les concernant, la seconde des questions de droit privé qui y sont relatives.

La première Commission a, dès 1902, terminé ses travaux; elle vous a présenté un projet relatif à la surveillance et au contrôle des sociétés d'assurances sur la vie et de toutes les entreprises dans les opérations desquelles intervient la durée de la vie humaine. Vous avez bien voulu déposer ce projet à la Chambre des députés le 6 décembre 1902; le rapport a été déposé le 9 juin 1903 et le projet figurait à l'ordre du jour de la Chambre au mois de mars dernier, avant la suspension de la session ordinaire de 1904.

Les travaux de la seconde commission devaient être de beaucoup plus longue durée; car elle a dû s'occuper des questions nombreuses et variées concernant le contrat d'assurance en général, quelques risques qu'il ait pour objet, et des questions spéciales à chacune des principales variétés d'assurances (assurances contre l'incendie, sur la vie, contre les accidents).

La Commission a tenu, du mois de juillet 1902 au mois de juin 1904, quatorze séances. Afin que ses délibérations fussent mûrement préparées, elle avait chargé trois rapporteurs de lui présenter des rapports sur l'état de la législation ou de la jurisprudence et de préparer un questionnaire indiquant les principales questions à résoudre (1) et elle avait constitué une sous-commission (2) ayant pour mission de préparer les solutions à

MM. Le baron Cerise, Président du Comité de défense du Syndicat des Compagnies d'assurances à primes fixes contre l'incendie; Directeur de l'*Union* (incendie);
Haugk, Vice-Président du Syndicat des sociétés d'assurances mutuelles;
Dubois, Sous-Directeur de la Compagnie d'assurances générales (vie);
Fournol, Commissaire-contrôleur des sociétés d'assurances contre les accidents du travail;

Secrétaires :

MM. Labbé, Chef du bureau des assurances et des retraites au Ministère du Commerce;
Oudiette, rédacteur en chef du *Journal des assurances;*
Rossy, Commissaire-contrôleur des sociétés d'assurances contre les accidents du travail,
Sarraute, avocat à la Cour d'appel de Paris;

(1) Les trois rapporteurs spéciaux ont été M. Berr pour les assurances contre l'incendie, M. Lefort pour les assurances sur la vie, M. Lyon-Caen pour les assurances en général.

(2) La sous-commission était composée de MM. Georges Paulet, *président;* Berr, Lefort, Lyon-Caen, Oudiette.

soumettre à la Commission plénière et d'arrêter ensuite les projets de rédaction.

La Commission a adopté, après ces longs travaux préparatoires, un projet qu'elle a l'honneur de vous soumettre.

Elle croit nécessaire de le faire précéder du rapport suivant. Il est destiné à faire connaître : 1° la méthode que la Commission a cru devoir suivre et les idées générales qui lui ont servi de guide; 2° les motifs principaux des quatre-vingt-deux articles composant le projet.

I

BUT DU PROJET. — MÉTHODE GÉNÉRALE.

L'utilité d'une loi sur le contrat d'assurance n'est niée aujourd'hui par personne, et déjà de nombreux pays ont, dans le cours du dernier siècle, devancé la France en légiférant sur cet important objet.

Le Code civil (art. 1964), à propos des contrats aléatoires, se borne à viser les assurances maritimes et c'est des assurances maritimes seules que traite le Code de commerce de 1807 (art. 332 à 396). Cela se comprend. A l'époque de la confection de nos codes, au début du XIXe siècle, les assurances contre les risques de mer étaient seules très répandues. Des deux sortes d'assurances non maritimes aujourd'hui les plus fréquentes, l'une (les assurances contre l'incendie) commençait seulement à être pratiquée et l'autre (les assurances sur la vie) était prohibée en vertu d'une disposition de l'Ordonnance sur la marine de 1681 (art. 10, liv. III, tit. VI) (1) et avait été condamnée de la façon la plus formelle dans les travaux préparatoires de nos codes (2).

Les choses ont bien changé. D'abord, les assurances contre l'incendie ont reçu un développement énorme; puis, les assurances sur la vie, considérées comme licites et même avec raison comme dignes de la plus grande faveur, sont devenues très fréquentes. Enfin, l'assurance a été

(1) En fait, pourtant, des compagnies d'assurances sur la vie s'étaient constituées.

(2) Corvetto, dans l'exposé des motifs du titre des assurances, indique que le Code de commerce entend confirmer la prohibition des articles 9 et 10 du livre III, titre VI de l'ordonnance de 1681 quant à la prohibition de l'assurance sur la vie. (Locré, *Législation de la France*, XVIII, p. 456 et 457.) Portalis, dans l'exposé des motifs du titre de la vente du Code civil condamne les assurances sur la vie dans les termes les plus sévères. (Locré, *Législation de la France*, XIV, p. 152.)

étendue aux risques les plus variés; des risques auxquels on ne soupçonnait pas qu'elle pût s'appliquer, sont aujourd'hui assurés.

Bien que nous n'ayons pas, à cet égard, la fécondité d'invention extraordinaire qui caractérise les pays anglo-saxons, on peut dire qu'à chaque instant, on découvre des risques nouveaux auxquels l'assurance est appliquée (assurance contre le vol, assurance contre l'infidélité des employés, assurances contre les accidents de personnes les plus variés, assurances contre le chômage, etc.).

Les trois branches d'assurances qui se sont le plus développées sont certainement les assurances contre l'incendie, les assurances sur la vie et les assurances contre les accidents de personnes. Pour donner une idée de l'importance de ces trois grandes sortes d'assurances, il suffira d'indiquer quelques chiffres.

Les capitaux assurés en 1902 par les compagnies françaises d'assurances à primes fixes contre l'incendie se sont élevés à 174,173,174,047 francs, dont environ 6 milliards pour des biens situés dans les pays étrangers; ces mêmes compagnies ont encaissé, en 1902, 146,448,861 francs de primes. A la même époque, les capitaux assurés par les sociétés d'assurances mutuelles contre l'incendie dépassaient 46 milliards.

Les opérations des compagnies d'assurances sur la vie n'ont pas, avec quelques variantes accidentelles, cessé de se multiplier. Au 31 décembre 1902, les seize compagnies françaises d'assurances sur la vie à primes fixes avaient assuré, par des contrats alors en cours, 3,871,920,955 francs en capitaux et 88,071,931 francs en rentes.

Les assurances contre les accidents de personnes ont donné lieu, en 1902, pour les compagnies à primes françaises, à la perception de 78,150,776 francs de primes, dont 63,209,703 francs pour les assurances collectives et 14,941,073 francs pour les assurances individuelles.

Cependant, si l'on excepte quelques dispositions contenues dans une loi du 19 février 1889 (art. 2 à 4), il n'y a pas, en France, de lois écrites sur les assurances non maritimes.

Le développement considérable des assurances non maritimes a déterminé les législateurs d'un grand nombre d'États étrangers à légiférer sur la matière. En quelques pays, des dispositions ont été insérées dans le Code de commerce; dans d'autres il a été fait des lois spéciales distinctes des codes.

Voici sur ce point quel est l'état général des législations des différents pays sur la matière des assurances :

Belgique, loi du 11 juin 1874 relative aux assurances;

Espagne, Code de commerce de 1885 (art. 380 à 459);

Hongrie, Code de commerce de 1875 (art. 453 à 514);

Italie, Code de commerce de 1882 (art. 417 à 453);

Luxembourg (*Grand-Duché*), loi du 16 mai 1891 remplaçant le titre x du livre II du Code de commerce relatif aux assurances maritimes;

Pays-Bas, Code de commerce de 1838 (art. 246 et art. 686 à 695);

Portugal, Code de commerce de 1888 (art. 425 à 462);

Roumanie, Code de commerce de 1887 (art. 442 à 477).

En *Allemagne*, il n'y a pas encore de loi d'Empire sur les assurances terrestres. Une loi allemande du 12 mai 1901 est consacrée exclusivement au contrôle de l'État sur les entreprises d'assurances privées. Le contrat d'assurance terrestre est l'objet de dispositions légales seulement dans quelques états; il y a spécialement des dispositions sur la matière dans l'*Allgemeines Landrecht* de 1794 en vigueur dans une partie de la Prusse. Mais, dans le courant de 1903, un projet de loi sur le contrat d'assurance a été publié par l'Office de la justice de l'Empire.

La situation est la même en *Suisse*. Une loi fédérale du 25 juin 1885 a organisé le contrôle exercé sur les compagnies d'assurances et il n'y a que quelques lois cantonales ou des dispositions légales dans les codes de quelques cantons sur le contrat d'assurance (1). Mais la lacune de la législation fédérale sera sans doute bientôt comblée; le 2 février 1904, un projet de loi fédérale concernant le contrat d'assurance a été soumis par le Conseil fédéral à l'Assemblée fédérale.

En *Grande-Bretagne*, les assurances terrestres, comme, du reste, les assurances maritimes, sont régies non par une loi écrite, mais par les usages (*common law*). Toutefois, quelques lois ont été faites sur des questions particulières relatives aux assurances sur la vie.

Les nombreux codes des *États de l'Amérique du Sud* et *du Centre* (2) renferment des titres relatifs aux assurances terrestres. Il en est de même du Code de commerce japonais de 1899 (art. 383 à 430).

Dans les *États-Unis d'Amérique*, il n'y a pas de loi fédérale sur les assurances, la constitution de 1787 ne confère pas au Congrès le pouvoir de légiférer sur cette matière. Mais il y a quelques lois d'États; ainsi, le Code civil de l'État de New-York renferme de nombreuses dispositions sur les assurances non maritimes (art. 1357 à 1523).

En *France*, jusqu'à la constitution de la Commission de 1902, qui a

---

(1) V. notamment : Code civil du canton de *Zurich* de 1887 (art. 496 à 552).

(2) Code de commerce *Argentin* de 1890 (art. 492 à 557).
Code de commerce du *Chili* de 1867 (art. 512 à 602).
Code de commerce du *Mexique* de 1889 (art. 392 à 448).

l'honneur de vous présenter le projet ci-joint, aucune tentative n'avait été faite pour arriver à la confection d'une loi sur les assurances terrestres. La lacune que présente à cet égard notre législation, a du être comblée par la jurisprudence. En appliquant les principes généraux du droit, en s'inspirant, par analogie, des dispositions du Code de commerce sur les assurances maritimes, en s'attachant à la nature du contrat d'assurance et en tenant compte des besoins de la pratique, nos différentes juridictions ont donné des solutions aux questions les plus variées que les assurances font fréquemment naître. La plupart de ces solutions sont certainement satisfaisantes. Mais la jurisprudence est variable par nature, et il y aurait le plus grand intérêt à consacrer définitivement dans une loi un certain nombre des règles que les tribunaux, spécialement la Cour de cassation, ont posées dans leurs décisions, mais qu'ils peuvent abandonner au moment le plus imprévu. Il est certain aussi que quelques solutions de la jurisprudence sont regrettables et il serait utile de les écarter par des dispositions légales.

Une loi sur les assurances n'a pas, du reste, seulement la double utilité de rendre irrévocables les bonnes solutions de la jurisprudence et de condamner les mauvaises. Sans doute, pour les assurances, comme généralement pour les autres contrats, le législateur doit le plus souvent, par respect pour la liberté des conventions, se borner à édicter des règles interprétatives que les parties sont toujours libres d'exclure par l'expression d'une volonté contraire. Mais, en cette matière, il est indispensable que la loi formule quelques dispositions prohibitives ou impératives. La raison en est simple. En fait, les assureurs et les assurés ne contractent pas dans une situation de complète égalité. Les principales clauses des polices imprimées par avance sont arrêtées par les compagnies d'assurances elles-mêmes et les assurés sont d'ordinaire obligés de les accepter telles quelles, sans être admis à les discuter. Parmi ces clauses, il peut y en avoir, et il y en a parfois, d'exorbitantes qui sont à la fois très favorables à l'assureur et très préjudiciables à l'assuré, en ce qu'elles restreignent beaucoup, pour ce dernier, les avantages de l'assurance. Il en est ainsi de certaines clauses frappant de nombreuses déchéances l'assuré, mettant à sa charge, quand il s'agit d'obtenir une indemnité, des preuves très difficiles à faire ou réduisant beaucoup la durée des actions de l'assuré contre l'assureur. Le législateur a ici un devoir impérieux que ne peuvent remplir les tribunaux pour lesquels la convention fait la loi des parties. Il faut que la loi remplisse une sorte de mission sociale, qu'elle intervienne pour protéger le faible contre le fort, l'assuré contre l'assureur, en prohibant certaines clauses ou en imposant certaines autres. C'est ce que fait le projet de loi. Toutefois, respectueux de la liberté des conventions, qui est nécessaire au développement si souhaitable du commerce des assurances et souvent à l'intérêt bien entendu des assurés eux-mêmes, on s'est efforcé de réduire le plus possible le nombre des dispositions impératives et prohibitives, en ne se préoccupant que des abus graves et caractérisés.

Afin d'éviter toute difficulté sur la détermination des dispositions impératives ou prohibitives, le projet les indique expressément, soit en édictant que la règle consacrée est admise *nonobstant toute convention contraire*, soit en prononçant la nullité des clauses ou conventions contraires à certaines dispositions. *Toutes les fois, par suite, qu'une disposition est formulée purement et simplement, elle a le caractère interprétatif et admet, par suite, les clauses contraires.*

Les dispositions interprétatives de ce projet, qui sont de beaucoup les plus nombreuses, sont, en général, empruntées aux usages, c'est-à-dire qu'elles reproduisent les clauses des polices les plus usuelles ou les solutions de la jurisprudence. Les meilleures lois sont celles qui, au lieu d'introduire des innovations qu'aucune expérience ne justifie, consacrent dans une large mesure des usages depuis longtemps établis. Au surplus, l'insertion dans la loi même de nombreuses clauses qui se trouvent actuellement dans les polices, pourra avoir un avantage pratique sérieux. Il sera dorénavant possible d'abréger beaucoup les polices, en n'y insérant guère que les clauses dérogeant à des dispositions légales. Cela permettra sans doute d'imprimer les polices en caractères plus gros et, par suite, plus lisibles, de telle sorte que les assurés en prendront plus souvent une complète connaissance.

Par cela même que la variété des assurances terrestres est, comme cela a été dit plus haut, très grande et que cette variété s'accroît continuellement, une loi ne peut s'occuper même de toutes les assurances aujourd'hui connues. Du reste, beaucoup de ces assurances sont de date relativement récente et il importe que la loi, par des dispositions qui pourraient être contraires aux besoins de la pratique encore mal établie, ne les gêne pas dans leur développement. Le législateur ne doit porter spécialement son attention que sur celles des assurances terrestres pratiquées depuis de longues années, parce que, pour elles, une expérience bien établie éclaire sur les règles à poser. Pour les autres, il est seulement utile d'édicter des règles générales qui doivent être communes à toutes les assurances.

Le projet tenant compte de ces considérations, ne traite spécialement que des assurances contre l'incendie, des assurances sur la vie et des assurances contre les accidents, mais il débute par un grand nombre de dispositions (40 articles) sur les assurances en général, c'est-à-dire destinées à régir toutes les assurances quelque risque qu'elles aient pour objet et même les assurances spéciales dont il est traité dans le projet, en tant qu'il n'y est pas dérogé pour celles-ci.

Le projet comprend quatre-vingt-deux articles et est divisé en cinq titres :

Titre Ier. — *Des assurances en général* (art. 1 à 40);

Titre II. — *Des assurances contre l'incendie* (art. 41 à 46);

Titre III. — *Des assurances sur la vie* (art. 47 à 73),

Titre IV. — *Des assurances contre les accidents* (art. 74 à 78);

Titre V. — *Dispositions transitoires* (art. 79 à 82).

Il convient, après ces généralités, de donner quelques explications sur les différents articles du projet.

II.

TITRE PREMIER.

DES ASSURANCES EN GÉNÉRAL.

ART. 1 À 40.

Les dispositions renfermées dans ce premier titre sont nombreuses et touchent à des questions très diverses. Aussi, pour les ranger dans un ordre méthodique et pour permettre ainsi de trouver plus facilement celles d'entre elles auxquelles on se propose de recourir, a-t-il paru nécessaire de diviser le titre Ier en quatre sections :

Section I. — *Dispositions générales* (art. 1 à 15);

Section II. — *De la preuve du contrat d'assurance. Des formes et de la transmission des polices* (art. 16 à 19);

Section III. — *Des obligations de l'assureur et de l'assuré; des nullités et des résiliations* (art. 20 à 32);

Section IV. — *De la prescription* (art. 38 à 40).

SECTION I.

Dispositions générales.

ARTICLE PREMIER.

Le premier article définit le contrat d'assurance. Il résulte de ses termes mêmes qu'on distingue deux grandes classes d'assurances : les assurances de choses (assurances contre l'incendie, contre les risques de transports de marchandises, etc.), et les assurances de personnes (assurances sur la vie, assurances contre les accidents).

Cette distinction est fondamentale; car, tandis que les assurances de choses sont des contrats d'indemnité par lesquelles l'assureur ne peut être tenu de payer à l'assuré, en cas de réalisation des risques, une somme supérieure au dommage réellement souffert (art. 8, 9 et 11 du projet), les assurances de personnes obligent l'assureur à payer une somme, généralement fixée par avance dans la police, par cela seul que les risques se réalisent, sans que le préjudice pécuniaire subi soit pris en considération, pour faire au besoin réduire cette somme (art. 10 du projet). Les motifs de cette différence seront indiqués à propos des articles du projet qui l'admettent.

Au surplus, la distinction entre ces deux grandes classes d'assurances paraît adoptée dans tous les pays. Les projets de lois allemand et suisse la consacrent et l'usage l'adopte en Grande-Bretagne et dans les États-Unis d'Amérique.

ART. 2 ET 3.

Les articles 2 et 3 ont pour but de bien déterminer les assurances auxquelles le projet de loi s'applique ou non.

Il régit aussi bien les assurances mutuelles que les assurances à primes. Seulement, le fait que dans les assurances mutuelles l'assurance est mêlée à un contrat d'association a fait soumettre ces assurances à des règles spéciales. Elles se trouvent contenues dans le décret du 22 janvier 1868, règlement d'administration publique rendu en exécution de l'article 66, 2e alinéa, de la loi du 24 juillet 1867. Le projet laisse intactes les dispositions en vigueur sur les assurances mutuelles.

Le projet de loi ne touche en rien aux assurances maritimes. Le Code de commerce en traite dans un titre spécial dont les dispositions (art. 332 à 396) ont été modifiées en des points importants par la loi du 12 août 1885. Il importe que ces assurances soient réglementées à part à raison de la nature toute spéciale des risques de mer.

ART 4.

Il y a une réelle utilité pratique, au point de vue de la compétence, à déterminer si le contrat d'assurance est un acte de commerce ou un acte civil. Notre Code de commerce (art. 633) ne résout la question que pour les assurances maritimes, en les rangeant parmi les actes de commerce. Il est complètement muet sur la nature civile ou commerciale des autres assurances devenues si nombreuses. Des contestations se sont assez souvent élevées à cet égard. Il importe, pour éviter les frais et les pertes de temps, d'y couper court pour l'avenir.

L'article 4 du projet distingue les assurances à prime et les assurances mutuelles, comme le fait, du reste, la jurisprudence.

Le contrat d'assurance à prime a le caractère commercial pour la compagnie d'assurances, c'est une opération constituant l'exercice de sa profession, qui, selon l'opinion générale, constitue un commerce. Mais, pour l'assuré, ce même contrat est un acte civil, à moins, bien entendu, que l'assuré ne soit un commerçant ayant contracté une assurance à prime pour les besoins de son commerce, qui, par exemple, fait assurer les marchandises placées dans ses magasins, les meubles-meublants qui les garnissent, etc. Il y a là une application nécessaire de la théorie de l'accessoire, selon laquelle tous les actes faits par un commerçant pour les besoins de son commerce, sont des actes de commerce, à l'occasion desquels la compétence appartient à la juridiction consulaire.

L'assurance mutuelle n'a, en principe, rien de commercial. Les auteurs et la jurisprudence sont d'accord sur ce point. Mais ne faut-il pas déroger à cette règle et reconnaître le caractère d'acte de commerce à l'assurance mutuelle quand les mutualistes sont des commerçants qui s'assurent pour les besoins de leur profession? Quelques arrêts maintiennent, même dans ce cas, à l'assurance mutuelle le caractère civil. Il y a là une solution très critiquable; elle méconnaît la théorie de l'accessoire, selon laquelle les opérations faites par un commerçant pour les besoins de sa profession, sont des actes de commerce. On ne voit pas, du reste, pour quelles raisons, alors qu'un commerçant qui contracte une assurance à prime pour ses marchandises, fait un acte de commerce, celui qui contracte une assurance mutuelle pour les mêmes marchandises, serait réputé faire un acte civil. Aussi l'article 4 décide-t-il que l'assurance mutuelle constitue un acte de commerce pour le mutualiste commerçant quand elle se rattache à son commerce.

ART 5.

Le dommage que font subir les risques en se réalisant cause à l'assuré une perte proprement dite et souvent une privation de gains, *damnum emergens* et *lucrum cessans*, selon les expressions latines consacrées. Il n'est pas douteux que l'assureur doit pouvoir garantir contre la seconde comme contre la première. Ainsi, en cas d'assurance de marchandises contre l'incendie contractée par un commerçant, l'indemnité, par cela même qu'elle est égale à la valeur vénale des marchandises assurées, comprend la perte proprement dite éprouvée par l'assuré (égale aux frais d'achat de ces marchandises, aux frais de transport, etc.) et la privation de gains provenant de ce que l'assuré est privé du bénéfice résultant de l'élévation de la valeur de ces marchandises au moment du sinistre.

Mais il serait dangereux de permettre l'assurance du profit espéré, c'est-à-dire d'un profit que l'assuré pouvait espérer par suite de la hausse des cours ou de l'augmentation de valeur de la chose assurée *après* le sinistre. Une telle assurance donnerait trop facilement lieu à des spéculations dangereuses en créant un intérêt à la perte des choses assurées.

Le projet consacre donc, en principe, la prohibition de l'assurance du profit espéré, dont, du reste, le Conseil d'État a demandé le maintien dans un avis du 30 décembre 1874 et cette prohibition se retrouve dans beaucoup de lois étrangères.

Seulement, il est des assurances qui à raison soit de la nature des choses assurées soit des risques garantis peuvent sans inconvénient s'appliquer au profit espéré.

En matière d'assurances maritimes, d'après les modifications apportées aux articles 334 et 347 du Code de commerce, par la loi du 12 août 1885, l'assurance du profit espéré a été admise en France, comme elle l'était déjà dans la plupart des États étrangers. Le profit espéré s'entend facilement dans ces assurances de l'augmentation de valeur qui résultera du transport des marchandises sur une autre place.

Par identité de raison, l'article 5 du projet admet, à titre exceptionnel, sur le profit espéré peut être assuré dans les assurances contre les risques des transports par terre.

Le même article du projet autorise aussi à assurer le profit espéré dans les assurances de récoltes contre la grêle et les autres fléaux naturels. Autrement, il est évident que ces assurances n'atteindraient pas leur but. Mais l'assurance du profit espéré même restreinte à ces cas où elle se justifie, peut donner lieu à des abus; l'importance exagérée de la somme assurée peut faire de l'assurance du profit espéré une sorte de gageure. Le dernier alinéa de l'article 5 autorise l'assureur à demander la réduction de cette somme en cas d'exagération manifeste.

ART. 6.

L'obligation de payer la prime a pour conséquence de laisser jusqu'à concurrence du montant de celle-ci le préjudice résultant de la réalisation des risques à la charge de l'assuré. Pour lui permettre d'éviter ce préjudice il y a lieu de permettre à l'assuré, comme le font toutes les législations et spécialement le Code de commerce pour l'assurance maritime (art. 342), de faire assurer la prime elle-même.

La prime est très souvent assurée, notamment dans les assurances en cas de vie, sous forme de contre-assurance; il y est stipulé que les primes payées seront restituées en cas de décès de l'assuré avant l'âge fixé dans la police.

ART. 7.

La réassurance est d'une pratique fréquente et il n'est pas besoin d'expliquer ici quelle en est, sous des rapports multiples, la grande utilité.

Le projet consacre la faculté pour l'assureur de contracter une réassurance et indique que la réassurance n'étant qu'une variété de l'assurance est régie par les règles qui s'appliquent à celle-ci.

Il n'y a aucun inconvénient à ce qu'un assureur contracte une réassurance se rattachant à une seule assurance ou à plusieurs ou même ne se réassure pour toutes les assurances qu'il a conclues ou pourra conclure dans l'avenir.

L'article 7 pose seulement pour les réassurances des règles spéciales dont l'une admise déjà par le Code de commerce (art. 342) pour les réassurances maritimes, s'impose à raison de la variabilité des primes et dont l'autre empruntée à l'usage, a de grands avantages pratiques.

D'après la première de ces règles, la prime de réassurance peut être différente de la prime d'assurance.

L'assureur qui a contracté une réassurance, doit, après avoir indemnisé l'assuré, pouvoir obtenir lui-même promptement une indemnité du réassureur. Pour favoriser les réglements rapides et éviter les contestations, il est utile que la loi s'appropriant des clauses déjà très usuelles, reconnaisse que le réassuré peut se prévaloir contre le réassureur des actes qu il a fait avec l'assuré, spécialement des transactions conclues avec celui-ci, des indemnités qu'il lui a payées, sauf dans le cas où la fraude de l'assureur serait établie.

ART. 8, 9, 10 ET 11.

Ces quatre articles posent le principe selon lequel l'assurance ne peut être qu'un contrat d'indemnité, en tirent plusieurs conséquences pratiques et y indiquent des exceptions pour certaines assurances.

L'assurance n'est un acte de prévoyance digne d'encouragement que lorsqu'elle a pour but et pour résultat de réparer le préjudice que subit l'assuré par suite de la réalisation des risques. Si elle conduit à placer en cas de sinistre l'assuré dans une situation meilleure qu'en cas de non réalisation des risques, elle constitue un véritable pari ayant le grave danger de donner à l'assuré un intérêt à la perte de la chose assurée. Aussi, en matière d'assurances maritimes, le Code de commerce (art. 349, 357 à 359), sans poser expressément le principe selon lequel l'assurance n'est qu'un contrat d'indemnité, contient des dispositions qui, en appliquant ce principe, en présupposent l'admission. Il est bon qu'une loi générale sur les assurances énonce formellement ce principe nécessaire de haute moralité. C'est ce que fait l'article 8.

Les articles 9 et 10 en tirent deux conséquences. D'après l'article 9, la somme assurée ne peut dépasser la valeur de la chose assurée et cet article indique quel est le sort de l'assurance excessive; il distingue, comme le font en matière d'assurances maritimes les articles 357 et 358 du Code de commerce, selon qu'il y a ou non dol ou fraude.

L'article 11 vise le cas où plusieurs assurances ont été conclues par un même assuré pour la même chose contre les mêmes risques pour une somme totale excédant la valeur de la chose assurée. C'est le cas prévu, pour les assurances maritimes, par l'article 359 du Code de commerce. Cet article consacre la règle de l'ordre des dates. Mais cette règle n'est pas conforme à l'usage consacré par les polices pour les assurances terrestres. D'ordinaire, pour celles-ci, il est admis que toutes les assurances sont valables, abstraction faite de leurs différentes dates, mais qu'elles sont réduites proportionnellement au montant de chacune d'elles comparé à la somme totale assurée. C'est cette solution qu'adopte l'article 11 du projet. Mais il laisse naturellement aux parties la faculté de stipuler, par dérogation, que l'on appliquera la règle de l'ordre des dates ou que les différents assureurs seront tenus solidairement, sauf à l'assureur qui aura payé son recours contre les autres assureurs.

Au principe selon lequel l'assurance ne peut être qu'un contrat d'indemnité, l'article 10 apporte une importante exception. Elle concerne les assurances de personnes, c'est-à-dire les assurances sur la vie et les assurances contre les accidents. Dans ces assurances, surtout dans les assurances en cas de décès, la détermination exacte du préjudice causé aux bénéficiaires de l'assurance par la réalisation des risques est d'une appréciation très difficile, presque impossible même. On ouvrirait la porte à des contestations sans nombre si la somme fixée dans les polices d'assurances sur la vie ou contre les accidents pouvait être critiquée comme étant exagérée. La seule possibilité de contestations de ce genre empêcherait le but de prévoyance si louable qu'ont ces contrats, d'être atteint.

ART. 12.

Si l'assurance ne peut, en général, être conclue pour une somme excédant la valeur de la chose assurée, il est possible qu'au contraire, elle soit inférieure à cette valeur. Une assurance partielle peut être conclue à raison soit de ce que l'assuré désirant éviter de payer une prime élevée veut conserver un découvert, soit de ce que l'assureur ne veut pas ou ne peut pas (à raison de son plein) faire une assurance complète, soit d'une erreur commise par les parties sur la valeur de la chose assurée.

D'après une règle traditionnelle et conforme à la volonté des contractants, l'assuré restant alors son propre assureur pour ce qui n'est pas couvert par l'assurance, l'indemnité n'est que proportionnelle. Mais il n'y a pas là une règle impérative; il peut être convenu que l'indemnité sera égale au préjudice subi, pourvu, bien entendu, que le dommage n'excède pas la somme assurée, qui forme le maximum des obligations de l'assureur (art. 24).

ART. 13.

Une loi générale sur les assurances doit déterminer quelles personnes ont le droit de contracter une assurance. Ce sont naturellement toutes celles qui, ayant un intérêt à la conservation de la chose assurée, sont exposés à subir un préjudice par suite de la réalisation des risques. L'article 13 pose ce principe dans le premier alinéa et en tire quelques conséquences dans le second.

ART. 14.

L'assurance peut être conclue non seulement par l'assuré lui-même, mais encore par un mandataire ou par un gérant d'affaires (art. 14, 1er alinéa).

Il est possible aussi que l'assuré ignorant s'il sera encore propriétaire des choses assurées quand le sinistre se produira ou si ces choses auront passé en d'autres mains, ne puisse pas indiquer par avance s'il contracte pour lui-même ou au profit d'une autre personne. L'assurance est alors conclue pour *le compte de qui il appartiendra* (art. 14, 2e alinéa).

Par cela même que, dans ce dernier cas, celui qui fait assurer ne désigne pas à l'assureur l'assuré, il faut que ce souscripteur soit tenu du payement de la prime (art. 14, 3e alinéa).

Mais il est juste que l'assureur, qui ne sait pas par avance quelle personne profitera de l'assurance, puisse se prévaloir contre celle pour laquelle l'assurance se trouve avoir été conclue, des exceptions se rattachant à l'assurance, notamment d'une fausse déclaration ou de la réticence du souscripteur. Il résulte de là aussi que, si la prime n'a pas été payée, quoiqu'elle ne puisse être réclamée qu'au souscripteur, l'assureur doit pouvoir demander la compensation de la prime avec l'indemnité d'assurance qui lui est réclamée.

ART. 15.

Les assurances ont des durées variables. Il y a seulement quelques usages très répandus en cette matière. C'est ainsi que la plupart des assurances contre l'incendie sont faites pour dix ans.

Les assurances de longue durée ont un inconvénient pour l'assuré. Lié par elles, il ne peut pas profiter des réductions qui viennent à se produire dans le taux des primes. Cela a fait demander par quelques personnes que la loi fixât le maximum de la durée des assurances. L'article 15, 1er alinéa, écarte cette restriction apportée à la liberté des conventions. Elle ne se justifie pas par des motifs suffisants. D'abord, si le taux des primes s'élève, la longue durée d'une assurance a l'avantage de garantir l'assuré contre l'augmentation des primes. C'est ce qui fait, sans doute, que parfois des assurés réclament des assurances pour un délai exceptionnellement long. Puis, il faudrait, si l'on fixait un maximum, le faire varier avec les différentes sortes d'assurances. Celles-ci sont trop variées et la variété en augmente d'une façon trop continue pour que la loi puisse entrer dans toutes les distinctions à faire.

Mais il est un abus parfois signalé qui se rattache à la durée des assurances et qu'il paraît possible et nécessaire de prévenir par une disposition prohibitive. Il arrive assez souvent que les polices contiennent une clause dite de tacite reconduction; c'est une clause en vertu de laquelle, si l'assuré ne déclare pas une volonté contraire dans un certain délai précédant l'expiration de l'assurance, celle-ci continuera pour une durée égale à celle de la première police. Trop souvent, l'assuré ne s'aperçoit pas de l'existence de cette clause imprimée, ou, s'il s'en est aperçu, un simple oubli a la conséquence très grave de le lier à nouveau envers l'assureur pendant un grand nombre d'années.

Dans un but de légitime protection pour l'assuré, il importe de réduire le temps pour lequel l'assurance peut être prolongée par une clause de tacite reconduction. Il paraît que la durée maxima de cette prolongation doit être d'une année (art. 15, 2e alinéa).

SECTION II.

De la preuve du contrat d'assurance. Des formes et de la transmission des polices.

ART. 16.

L'assurance est, en général, un contrat quelque peu compliqué, contenant des clauses variées et, comme il vient d'être dit, d'une durée souvent assez longue. Aussi est-il utile d'exclure en cette matière la preuve par témoins et les présomptions de fait, en exigeant un écrit de quelque somme qu'il s'agisse. Le Code de commerce (art 332), dérogeant au principe de la liberté des preuves admis en matière commerciale, exige, d'ailleurs, que le contrat d'assurance maritime soit constaté par écrit, et, en fait, malgré l'absence de toute prescription légale sur ce point, il est d'usage de dresser des polices pour les assurances terrestres de toutes sortes.

Par cela même que le projet exige un écrit, il prescrit, puisqu'il s'agit d'un contrat synallagmatique, de le dresser en double exemplaire et de mentionner le nombre des originaux sur chacun, comme l'exige l'article 1325 du Code civil.

Une autre conséquence de l'exclusion de la preuve par témoins et des présomptions de fait est l'exigence d'un écrit pour toutes les modifications ou additions faites à l'assurance originaire (art. 16, alin. 3). Cet écrit peut être soit un avenant soit un écrit fait en toute autre forme.

ART. 17.

Comme le fait le Code de commerce (art. 332) pour la police d'assurance maritime, l'article 17 indique les mentions à insérer dans les polices d'assurances terrestres. Quelques règles spéciales sont admises sur ce point pour les assurances sur la vie (art. 51) et pour les assurances contre les accidents (art. 77).

Une innovation assez importante est consacrée par l'article 17, dernier alinéa, selon lequel le contrat d'assurance indique *la soumission des parties à des arbitres, en cas de contestation, si elle a été convenue.* Cette disposition reconnaît la clause compromissoire déjà admise par le Code de commerce (art. 332) dans les assurances maritimes, mais déclarée nulle par la jurisprudence dans tous les autres contrats. Il ne semble pas y avoir de raison pour distinguer à cet égard entre les assurances maritimes et les autres assurances. Du reste, de bons esprits estiment que l'arbitrage doit être vu avec faveur et qu'il serait à désirer que, pour le favoriser, nos lois reconnussent la validité de la clause compromissoire. Une proposition de loi émanant de nombreux députés et déposée à la Chambre le 11 mars 1904 a pour but de déclarer valable la clause compromissoire en modifiant les articles 1003 et 1006 du Code de procédure civile. En attendant la transformation de cette proposition en loi, la disposition du projet sera très utile en matière d'assurances terrestres.

ART. 18 et 19.

Les titres de créance, en général, peuvent, au gré des parties, être à personne dénommée, à ordre ou au porteur. La jurisprudence reconnaît que la forme à ordre et la forme au porteur ne sont pas réservées aux titres pour lesquels les lois l'admettent expressément. Aussi admet-on que les polices d'assurance peuvent être à ordre ou au porteur. Pour qu'il ne puisse plus y avoir aucune difficulté à cet égard, en matière d'assurances, l'article 18, premier alinéa, y autorise expressément l'emploi de la forme à ordre et de la forme au porteur.

Quand les polices sont à ordre, elles se transmettent par endossement. Aussi peut-on se demander s'il y a lieu de leur appliquer les articles 137 et 138 du Code de commerce, qui déterminent les mentions à insérer dans l'endossement d'une lettre de change et adoptent une présomption d'après laquelle l'endossement qui ne contient pas toutes ces mentions, ne vaut que comme procuration. Cette présomption est généralement critiquée comme étant trop formaliste et pouvant être contraire à l'intention des parties. La loi du 14 juin 1865 (art. 1, dernier alinéa) l'a condamnée en matière de chèques, en admettant l'endossement en blanc comme mode de transmission. Il y a lieu de l'écarter aussi en matière d'assurances (art. 18, 2e alinéa).

Quand la police est à ordre ou au porteur une question assez grave se pose quant aux exceptions opposables ou non opposables au dernier porteur qui réclame le payement d'une indemnité.

D'après une longue tradition, il est admis sans discussion, malgré l'absence de toute disposition légale sur ce point, qu'en principe, en matière d'effets de commerce, le débiteur ne peut pas opposer à un porteur les exceptions qui eussent été opposables aux porteurs précédents. Grâce à cette règle spéciale, les effets de commerce peuvent circuler avec une grande rapidité, par cela même que les personnes auxquelles ils sont transmis n'ont aucunement à se préoccuper des exceptions qui étaient opposables aux porteurs antérieurs. Mais on discute beaucoup sur le point de savoir si cette règle spéciale s'applique aux titres à ordre autres que les effets de commerce. La question s'est présentée souvent à l'occasion de polices d'assurances maritimes à ordre qui sont, on le sait, très fréquentes pour les marchandises. La jurisprudence restreint généralement la règle dont il s'agit aux effets de commerce et admet, en conséquence, que, pour les autres titres à ordre, spécialement pour les polices d'assurances, il faut en revenir au principe général, selon lequel le cessionnaire ne pouvant pas avoir plus de droits que le cédant, les exceptions opposables aux endosseurs qui le précèdent peuvent être opposées au dernier porteur.

Cette solution est critiquable dans l'état actuel de nos lois qui ne distinguent point expressément entre les effets de commerce et les autres titres à ordre. Mais, dès l'instant où une loi nouvelle résout la question pour les assurances, elle doit admettre, semble-t-il, que l'assureur peut opposer au porteur les exceptions qui eussent été opposables à l'assuré originaire, au moins en tant qu'elles se rattachent à la police dont il s'agit. Les polices d'assurances, même à ordre, ne sont destinées qu'à une circulation assez restreinte; on ne saurait dire d'elles, ainsi qu'on le dit des effets de commerce, qu'elles doivent circuler comme du numéraire. Puis, il n'est pas bon que la condition de l'assureur se trouve empirée par la transmission de la police à raison de ce qu'elle le prive du droit d'opposer au porteur les exceptions qui eussent été opposables à l'assuré originaire. L'assureur doit compter sur le droit de se prévaloir de ces exceptions, tout au moins de celles qui se rattachent à l'assurance dont il s'agit. Ainsi, alors même que la police est à ordre, l'assureur aura le droit d'opposer au porteur la nullité de l'assurance à raison de la réticence ou de la fausse déclaration de l'assuré originaire ou de se prévaloir de la compensation à raison de la prime dont l'assuré originaire est demeuré débiteur. Mais, au contraire, l'assureur qui aurait pu opposer à l'assuré originaire la compensation à raison d'une prime afférente à une autre police, ne pourra s'en prévaloir contre le porteur.

Toutes ces solutions sont admises, par idendité de raison, par l'article 19 pour les polices d'assurance au porteur.

SECTION III.

Des obligations de l'assureur et de l'assuré. Des nullités et des résiliations.

ART. 20, 21, 22, 23.

Ces quatre articles posent quelques règles générales sur les pertes et dommages dont l'assureur répond ou ne répond pas dans les différentes assurances. Les dispositions contenues dans ces articles, ne font que reproduire les clauses usuelles des polices, sauf sur un point spécial relatif à la charge de la preuve en matière de risques de guerre.

L'assureur répond indifféremment des pertes et dommages causés par des cas fortuits du genre de ceux que vise la police, mais encore des dommages causés par la faute de l'assuré. Toutefois, cela n'est pas vrai pour les dommages provenant du dol ou de la faute lourde de l'assuré. Une convention ne peut pas mettre à la charge de l'assureur le dol ou la faute lourde de l'assuré. Il est reconnu par toutes les législations et par notre jurisprudence qu'une pareille convention serait contraire à l'ordre public comme déchargeant par avance l'assuré des conséquences de ses fautes intentionnelles ou des fautes lourdes qu'on y a, d'après une tradition constante, toujours assimilées (*lata culpa dolo aequiparatur*) (art. 20).

L'assureur répondant des fautes de l'assuré, est, par cela même, garant des dommages causés par des personnes dont l'assuré est civilement responsable en vertu de l'article 1384 du Code civil.

Des dommages proviennent parfois du vice propre de la chose assurée, c'est-à-dire de ses défauts ou de certains germes de destruction qu'ont, d'après leur nature, même les choses de la meilleure qualité. Les polices excluent d'ordinaire ces dommages de l'assurance comme ne provenant pas de risques qu'elle a en vue. L'article 22 admet cette règle adoptée déjà pour les assurances maritimes par l'article 352 du Code de commerce.

Les clauses imprimées des polices, stipulent presque toujours que l'assureur demeure étranger aux risques de guerre étrangère ou civile ainsi que des mouvements populaires. La raison en est que l'importance de ces risques est trop difficile à évaluer et qu'aucune statistique même ne saurait donner de renseignements précis à cet égard. L'article 23, premier alinéa, formule cette règle conforme à l'usage.

Mais à propos de cette exclusion des risques de guerre beaucoup de polices, spécialement d'assurance contre l'incendie, contiennent, au point de vue de la charge de la preuve, une règle tout à fait exorbitante : elles obligent l'assuré à prouver, pour obtenir une indemnité, que le dommage est dû à d'autres risques et elles visent spécialement, pour présumer que les dommages proviennent de risques de guerre, le cas d'invasion. Une pareille preuve est d'une énorme difficulté pour l'assuré. L'assureur s'est engagé à répondre envers l'assuré de certains dommages, il est naturel quand ces dommages se produisent que l'assureur en réponde, à moins qu'il ne prouve qu'ils se rattachent à une cause exclusive de sa responsabilité. C'est à l'assureur, non à l'assuré, que doit incomber la charge de la preuve. Il doit y avoir là une règle impérative qu'aucune clause ne peut écarter. Cette règle n'est pas trop dure pour l'assureur; il peut prouver, d'après les principes généraux du droit, que le sinistre est dû à des risques de guerre par tous les moyens, spécialement à l'aide de présomptions de fait.

ART. 24.

Il est naturel que la somme assurée forme le maximum des obligations de l'assureur envers l'assuré (art. 24). Mais, dans cette limite, il est juste que l'assureur réponde envers l'assuré des sommes que celui-ci a dépensées pour diminuer les dommages en cas de sinistre. Ainsi, dans l'assurance contre l'incendie, l'assureur doit, dans cette limite, répondre des dépenses de sauvetage faites par l'assuré. Cette obligation de l'assureur se justifie d'autant plus que l'assuré est tenu de faire tout ce qui est en lui pour diminuer les conséquences dommageables de la réalisation des risques (art. 28, 4°).

ART. 25.

Quand la chose assurée a été détruite entièrement l'assurance a produit son plein et entier effet, en ce sens que l'assureur a payé toute la somme assurée. L'assurance prend, par suite, fin. L'assuré qui a payé la prime annuelle, ne peut en réclamer aucune partie, alors même qu'au moment du sinistre, l'année est à peine commencée. La prime d'assurance est indivisible, c'est-à-dire qu'elle est due en entier par cela seul que les risques ont commencé à courir à la charge de l'assureur.

ART. 26.

Les sinistres qui donnent lieu à la responsabilité de l'assureur envers l'assuré, sont parfois causés par la faute de tiers. La question se pose alors de savoir si l'assureur qui a indemnisé l'assuré est subrogé légalement aux droits et actions de l'assuré contre le tiers auteur du dommage ?

Une longue tradition fait admettre par la jurisprudence la subrogation légale en matière d'assurances maritimes. Mais, au contraire, la jurisprudence se prononce contre la subrogation légale dans les autres assurances; elle se refuse à appliquer au profit de l'assureur l'article 1251, 3°, qui admet la subrogation légale au profit de celui qui paye une dette dont il est tenu avec d'autres ou pour d'autres. L'assureur se trouve bien tenu, avec le tiers auteur du dommage, d'indemniser l'assuré auquel il a été causé. Mais, tandis que l'obligation de l'assureur a pour cause un contrat, celle du tiers dérive d'un délit ou d'un quasi-délit. On peut dire qu'il y a non une dette unique, mais deux dettes ayant deux sources différentes. Pour la jurisprudence, la subrogation légale admise par l'article 1251 3° du Code civil implique des dettes pesant sur plusieurs personnes et ayant une source unique.

Tenant compte de cette solution, l'assureur qui indemnise l'assuré se fait parfois céder expressément par celui-ci les droits et actions qu'il peut avoir contre des tiers.

Il paraît à la fois rationnel et juste d'étendre à toutes les assurances la subrogation légale déjà admise en matière d'assurances maritimes. Cette subrogation, qui sort peut-être quelque peu des limites qui doivent être assignées à la subrogation légale de l'article 1251 3° du Code civil, s'explique par le fait que l'assuré étant indemnisé par l'assureur, ne doit pas conserver les droits à indemnité qu'il peut avoir contre des tiers ; il est juste que tous les droits se rattachant au dommage subi passent à l'assureur dès l'instant où l'assuré a été indemnisé par lui.

Mais la subrogation légale ne doit pas aller contre l'intention probable des contractants. L'assuré qui a entendu être garanti par l'assureur contre les conséquences dommageables de ses fautes personnelles, ne veut pas, en général, qu'en raison des dommages causés par la faute des personnes demeurant habituellement avec lui (parents et alliés en ligne directe, employés, ouvriers, domestiques), l'assureur puisse être subrogé contre ces personnes. Aussi l'article 26, dérogeant à la règle générale, exclut la subrogation légale contre elles.

ART. 27.

Cette disposition consacre des usages constants en excluant la faculté de délaissement admise seulement dans les assurances maritimes (art. 369 et suiv., C. com.).

ART. 28.

Les obligations de l'assuré envers l'assureur sont multiples. L'article 28 en fait l'énumération.

Deux observations seulement doivent être faites à cet égard.

Ces obligations ne reçoivent pas toutes la même sanction.

L'obligation de payer les primes est sanctionnée par la suspension et par la résiliation de l'assurance sous les conditions déterminées par l'article 29.

L'obligation de déclarer exactement toutes les circonstances de nature à faire apprécier par l'assureur les risques dont il se charge, a comme sanction la nullité pour réticence ou pour fausse déclaration admise par l'article 36.

L'inexécution de l'obligation de déclarer à l'assureur les faits qui, après la conclusion du contrat, amènent une aggravation des risques, entraîne la résiliation de l'assurance par la volonté de l'assureur (art. 31).

Enfin, lorsque l'assuré manque soit à l'obligation de faire tout ce qui est en lui pour éviter la réalisation des risques ou pour en diminuer les conséquences dommageables, soit à l'obligation de donner avis du sinistre à l'assureur dans les trois jours où l'assuré en a connaissance, l'assureur a droit à des dommages-intérêts pour le préjudice qui en est résulté pour lui.

Les différentes obligations ainsi sanctionnées existent, en principe, toutes dans les différentes espèces d'assurances. Toutefois, il sera expliqué plus loin, à propos de l'article 66, que, dans les assurances sur la vie, l'assureur n'a pas d'action pour exiger le payement des primes. En outre, dans ces mêmes assurances, l'assuré n'est pas tenu des obligations suivantes, ainsi que l'indique l'article 28, dernier alinéa :

a) L'assuré n'a pas à déclarer à l'assureur les circonstances nouvelles qui augmentent les risques. Car, en matière d'assurances sur la vie, l'assureur est, sauf les exceptions limitativement déterminées par les polices, tenu, quelle que soit la cause de la mort, quelque profession qu'embrasse l'assuré et en quelque pays qu'il se rende ;

b) Dans l'assurance sur la vie, l'assuré n'est pas tenu de faire tout ce qui est en lui pour éviter le sinistre. L'assurance produit ses effets même en cas de décès dû à la faute de l'assuré. Le suicide seul, conscient et volontaire, est exclusif de la responsabilité de l'assureur (art. 54) ;

c) Enfin, le délai de trois jours donné à l'assuré pour aviser l'assureur de la mort de l'assuré, est beaucoup trop court pour les assurances en cas de décès. La loi s'en remet aux polices du soin de fixer le délai dans lequel doit être faite la déclaration du décès.

ART. 29.

Les primes sont d'ordinaire stipulées portables. Mais, en fait, les assureurs les font toucher chez les assurés, et une jurisprudence bien établie reconnaît que cette habitude répétée a pour conséquence de substituer la quérabilité à la portabilité.

Le projet (art. 29, 1er alinéa), tenant compte des usages, dispose que les primes sont payables au domicile de l'assuré. Mais il ne fait pas de cette disposition une règle impérative. Des motifs de convenance d'une grande variété peuvent faire désirer à l'assuré que le payement de la prime ait lieu chez l'assureur. Ainsi, il est possible que l'assuré craigne d'être absent de son domicile aux dates fixées pour l'acquittement des primes ou que l'assuré désire cacher aux personnes de son entourage l'existence de la police ; ce dernier cas se présente spécialement pour les assurances sur la vie (assurance contractée au profit d'un enfant naturel, au profit d'un bénéficiaire pour lequel l'assuré, tant qu'il vit, veut cacher ses préférences, etc.).

Du reste, que la prime soit quérable ou portable, le défaut de payement d'une prime à l'échéance entraîne, après un certain délai, courant à partir de la mise en demeure de l'assuré, la suspension de l'assurance et, même après un nouveau délai, permet à l'assureur de résilier le contrat. L'article 29 fixe ces délais et en détermine le point de départ. Dans un but de protection pour l'assuré, la loi défend soit de supprimer la nécessité de la mise en demeure de l'assuré, soit d'abréger les délais fixés par la loi.

Afin d'éviter les frais, l'article 29 admet que la mise en demeure peut résulter de l'envoi d'une lettre recommandée. Du reste, plusieurs dispositions du projet se contentent dans le même but de cet acte peu coûteux, en écartant le recours à une assignation ou à une sommation qui impliquent l'emploi d'un huissier.

ART. 30.

La faveur que mérite l'assurance, les services qu'elle rend à l'assuré, et, souvent, par contre-coup, à ses créanciers, justifient pleinement la concession d'un privilège attaché à la créance des primes. Cependant, jusqu'ici, c'est en matière d'assurances maritimes seulement que la prime est privilégiée. Le Code de commerce (art. 191, 10°) accorde à l'assureur un privilège sur le navire assuré pour la prime due pour le dernier voyage. On reconnaît généralement, en s'appuyant sur différentes dispositions du Code de commerce, que la prime est aussi privilégiée dans les assurances maritimes de marchandises. Mais, par cela même que les privilèges sont de droit étroit, à défaut de texte légal, il n'est pas possible d'admettre, dans le silence de nos lois, que la prime est privilégiée dans les assurances terrestres. Il y a là une lacune de notre législation. Pour la combler, l'article 30 décide que l'assureur a pour la créance de la prime un privilège sur la chose assurée. Il fixe le rang de ce privilège et, pour éviter les frais en présence d'une prime souvent peu importante, il dispense le privilège d'inscription, même quand la chose assurée est un immeuble. Enfin, pour qu'autant que possible les assureurs comptant sur ce privilège, ne laissent pas s'accumuler les primes non acquittées, le privilège n'existera que pour les primes des deux dernières années.

ART. 31.

L'assureur se décide à conclure l'assurance d'après les risques que court la chose assurée au moment du contrat et c'est d'après ces risques qu'est aussi fixé le montant de la prime. Les réticences ou les fausses déclarations qui diminuent l'opinion du risque pour l'assuré sont une cause de nullité (art. 36). Mais il est possible que les risques ayant été exactement et complètement portés par l'assuré à la connaissance de l'assureur au moment de la signature de la police, ces risques aient été aggravés par suite de faits postérieurs.

Selon les cas, l'aggravation des risques provient du fait de l'assuré (placement d'une machine ou de matériaux inflammables dans le local assuré, par exemple), ou d'autres causes étrangères au fait de l'assuré (construction d'une usine offrant des dangers spéciaux dans le voisinage d'une maison assurée, par exemple). Il importe que l'assureur soit avisé de l'aggravation des risques. L'assuré doit l'en prévenir avant de les aggraver par son fait personnel et dans un délai fixé par la loi quand l'aggravation résulte du fait d'autrui. Mais, dans l'un et l'autre cas, l'assureur a la faculté soit de laisser subsister l'assurance sans modification, soit de demander à l'assuré une augmentation de prime, soit de résilier le contrat. Mais il va de soi que l'assureur perd le droit de réclamer une prime plus élevée et le droit de résiliation quand ayant eu connaissance de l'aggravation des risques, il a consenti expressément ou tacitement au maintien de l'assurance.

ART. 32.

Si les risques peuvent être augmentés après la conclusion du contrat, il est possible qu'au contraire, ils soient diminués. Ce changement doit profiter à l'assuré. Dans le cas, tout au moins, où à raison de circonstances spéciales, la prime stipulée a été plus forte, le jour où ces circonstances disparaissent, l'assuré peut résilier le contrat quand l'assureur n'accède pas à une diminution de prime correspondante.

ART. 33.

On a beaucoup discuté sur le sort qui doit être fait au contrat d'assurance dans le cas soit d'aliénation de la chose assurée ou de transmission par succession de cette chose à des héritiers.

Les polices d'assurances, spécialement contre l'incendie consacrent, en général, sur ce point un système peu rationnel dont les éléments sont difficilement conciliables. Elles admettent, en cas de succession, que l'assurance continue de plein droit au profit des héritiers, ce qui semble impliquer que l'assurance n'est pas considérée comme un contrat personnel dans lequel l'assuré ne stipule pas pour ses héritiers. Mais elles laissent à l'assureur la faculté de ne pas agréer les héritiers. Au contraire, en cas d'aliénation, les polices d'assurances contre l'incendie reconnaissent que l'assurance ne continue pas de plein droit. Elles obligent seulement l'aliénateur à obtenir l'engagement de l'acquéreur envers l'assureur et édictent une clause pénale contre l'aliénateur quand cet engagement n'a pas été obtenu.

Il semble que la loi doit prendre un parti net sur le point de savoir si l'assurance est ou non un contrat personnel et que la question doit recevoir la même solution qu'il y ait aliénation ou dévolution de la succession de l'assuré à ses héritiers.

L'assurance est un contrat personnel, puisque l'assureur ne consent pas à conclure des assurances à une personne quelconque et que l'assuré lui-même prend en considération l'importance et la solidité de la compagnie avec laquelle il contracte, ainsi que la réputation dont elle jouit à raison de son esprit de conciliation dans le règlement des sinistres. En partant de cette idée, l'article 33 décide que l'assurance prend fin en cas d'aliénation de la chose assurée ou de mort de l'assuré. Mais il n'y a là qu'une interprétation de la volonté des parties. Rien n'empêche que, par une clause formelle de la police, elles expriment la volonté de faire continuer le contrat même dans ces cas. C'est ainsi qu'une société en nom collectif prend fin, en principe, par la mort d'un associé, mais que la loi elle-même (art. 1868, C. civil) réserve la faculté de stipuler que la société continuera, même après le décès d'un associé, soit entre les associés survivants, soit entre ceux-ci et les héritiers de l'associé prédécédé.

Seulement, comme il est possible que l'acquéreur ou les héritiers de l'assuré refusent de continuer l'assurance et que la police stipule en vue de ces circonstances, une indemnité à payer par l'assuré à l'assureur, l'article 33 prend des précautions pour que cette indemnité ne soit pas excessive; il en fixe le maximum à la prime d'une année. L'article 33, avant-dernier alinéa écarte aussi, pour le cas où après une aliénation l'assurance continue, l'obligation pour l'aliénateur de payer les primes à défaut de l'acquéreur, sauf en vertu d'une stipulation expresse de la police.

Du reste, l'intérêt de l'assureur n'est pas perdu de vue. En cas de continuation de l'assurance après le décès de l'assuré, il ne faut pas que l'assureur, s'il y a plusieurs héritiers, soit dans la nécessité de recevoir de chacun d'eux une portion de la prime. L'obligation de payer la prime pour eux est solidaire. Il y a là un nouveau cas de solidarité légale introduit par l'article 33, dernier alinéa.

ART. 34.

La faillite ou la liquidation judiciaire de l'assuré ou de l'assureur peut survenir pendant la durée de l'assurance. Il serait inique de contraindre l'assureur à rester lié par le contrat alors que le payement des primes à venir est douteux ou d'obliger l'assuré à payer des primes alors que la situation de l'assureur doit l'empêcher de payer, en cas de sinistre une indemnité complète. Mais nos lois n'admettent point que la faillite ou la liquidation judiciaire entraîne la résolution de plein droit des contrats conclus par le débiteur antérieurement au jugement déclaratif. Spécialement en matière d'assurances maritimes, le Code de commerce (art. 346) se borne à donner le droit au contractant demeuré *in bonis* de résilier l'assurance si une caution solvable n'est pas fournie. C'est ce système qu'adopte, pour toutes les assurances, l'article 34.

ART. 35.

Par cela même qu'il n'y a pas d'assurance sans risques, le contrat conclu, alors que la chose assurée a déjà péri on ne peut plus être exposé aux risques contre lesquels elle est garantie, est nul. En matière d'assurances maritimes, le Code de commerce adopte cette règle, mais admet ce qu'on appelle parfois les risques putatifs, en reconnaissant la validité des assurances sur bonnes ou mauvaises nouvelles (art. 365 à 367). Mais il n'y a aucun intérêt à admettre des opérations de ce genre dans les assurances non maritimes, et il serait à craindre qu'elles ne donnassent lieu à des sortes de paris.

La mauvaise foi de l'assureur ou de l'assuré qui contracte alors qu'il connaît le fait qui rendait l'assurance nulle doit entraîner une obligation de payer à l'autre contractant une indemnité que le projet fixe à forfait (art. 35, 2e alinéa), comme le fait, du reste, le Code de commerce pour l'assurance maritime. Il va de soi que cette sanction civile ne met pas obstacle à l'application des peines de l'escroquerie, s'il y a eu des manœuvres frauduleuses constitutives de ce délit.

ART. 36.

A propos de l'assurance maritime, les anciens auteurs, notamment Emérigon, dans un célèbre traité des assurances, énoncent l'idée que l'assurance est un contrat de bonne foi. Ils veulent indiquer par là que l'assuré est tenu de renseigner très exactement l'assureur sur les circonstances qui lui permettent d'apprécier les risques et que l'inobservation de cette obligation est de nature à entraîner la nullité de l'assurance. Le Code de commerce consacre cette nullité dans l'article 348 pour les assurances maritimes, et toutes les polices d'assurances ayant pour objet les risques les plus variés reproduisent la formule de cet article.

Le projet (art. 28, 2°) énonce expressément l'obligation pour l'assuré de *déclarer exactement à l'assureur, lors de la conclusion du contrat, toute les circonstances qui sont de nature à faire apprécier par celui-ci les risques qu'il prend à sa charge* et il prononce, à titre de sanction de cette obligation, la nullité de l'assurance quand il y a réticence ou fausse déclaration, en reproduisant (art. 36, 1er et 2e alin.) les termes mêmes de l'article 348 du Code de commerce.

L'indemnité à payer à l'assureur est fixée à forfait au montant des primes déjà payées ou encore dues.

Le projet résout des questions délicates que l'article 348 du Code de commerce n'a pas tranchées et qui ont donné lieu à de nombreux procès soit pour les assurances maritimes soit pour les autres assurances.

Il n'est pas douteux que la réticence ou la fausse déclaration doive être une cause de nullité quand elle est dolosive. Mais doit-il en être de même quand il y a eu une simple négligence de la part de l'assuré ou quand l'assuré ignorait lui-même les faits qu'il n'a pas déclarés ou ne connaissait qu'inexactement ceux qu'il a fait connaître à l'assuré d'une façon inexacte?

Une opinion, qui a, pour elle, des décisions judiciaires, admet la nullité dans tous les cas. On déduit cette solution de ce qu'il y a toujours eu erreur de la part de l'assureur dès l'instant où l'assuré a omis ou a déclaré inexactement certains faits, de telle sorte que l'opinion du risque ayant été diminuée pour l'assureur, son consentement a été vicié.

Cette solution est peut-être conforme aux principes dans l'état actuel de nos lois, mais elle est d'une excessive rigueur pour l'assuré, auquel il peut n'y avoir aucun reproche à faire. Aussi le projet (art. 36) n'admet pas la nullité sans distinction.

Sans doute il l'édicte pour le cas de dol de l'assuré. Il l'admet même dans le cas de négligence de sa part. Mais le projet ne va pas jusqu'à admettre la nullité quand l'omission ou la déclaration inexacte provient de l'ignorance de l'assuré, c'est-à-dire de la non connaissance par lui des faits qu'il a omis de déclarer ou qu'il a déclarés d'une façon inexacte.

Il va de soi qu'en fait, il peut être très difficile de savoir s'il y a eu négligence ou ignorance de l'assuré. La situation de ce dernier, la réputation bonne ou mauvaise, l'état de ses affaires et des circonstances très variées qu'on ne peut prévoir et énumérer seront de nature à éclairer les assureurs et les tribunaux. Du reste, la concurrence et le désir légitime de conserver ou même d'accroître leur clientèle doivent, en général, détourner les assureurs d'invoquer la nullité du contrat quand il n'y a pas un dol ou une négligence bien caractérisée.

Si les omissions ou les déclarations inexactes n'entraînent pas la nullité de l'assurance quand il y a eu ignorance de l'assuré, du moins doivent-elles avoir quelque effet par cela même qu'elles ont changé tout au moins les conditions du contrat.

L'article 36 (avant-dernier et dernier alinéas) distingue selon que l'omission ou la déclaration inexacte est constatée avant tout sinistre ou que cette constatation n'a lieu qu'après un sinistre. Dans le premier cas, l'assureur a le droit de résilier le contrat, à moins qu'il ne consente à le maintenir moyennant une augmentation de prime acceptée par l'assuré. Dans le second cas, l'indemnité est réduite en proportion de ce dont les primes ont été inférieures au taux des primes qui auraient été dues si les risques avaient été déclarés à l'assureur d'une façon complète et exacte.

ART. 37.

Si les assureurs ont parfois quelque peu abusé de leur situation pour imposer aux assurés des clauses d'une excessive rigueur, détruisant ou réduisant beaucoup l'utilité de l'assurance, c'est surtout par les clauses de déchéance, par suite desquelles la violation du règlement le plus insignifiant prive les assurés de tout droit à indemnité.

Pour éviter de semblables abus, l'article 37 déclare nulle deux classes de déchéance que trop souvent on trouve dans les polices d'assurances.

Des polices, spécialement des polices d'assurances contre les accidents du travail, souscrites soit avant la loi du 9 avril 1898, soit depuis cette loi pour les professions qui ne sont pas régies par elle, renferment souvent une clause frappant de déchéance l'assuré dans tous les cas où il y a eu, de sa part, violation des lois ou des règlements. Avec cette clause générale, l'assurance est, dans une très large mesure, rendue sans objet. Les dispositions des lois et des règlements relatives à certaines industries sont tellement nombreuses que presque toujours la faute de l'assuré est accompagnée d'une violation de lois ou de règlements. Aussi est-il arrivé trop souvent que des primes ont été payées pendant plusieurs années et que, la déchéance étant opposée, l'assuré ne peut exiger aucune indemnité en cas de réalisation des risques. Cela ne sera plus possible dans l'avenir d'après l'article 37, puisqu'il déclare nulle *toute clause frappant de déchéance l'assuré en cas de violation des lois ou des règlements, à moins que cette violation ne constitue un crime ou un délit correctionnel ou n'implique une faute lourde.*

Les clauses de ce genre, par leur généralité même, empêchent que l'assuré contracte en connaissance de cause. Mais cet inconvénient n'existe point lorsque la police reproduit le texte intégral des dispositions légales ou des règlements dont la violation doit entraîner la déchéance de l'assuré. Aussi l'article 37, dernier alinéa, reconnaît la validité des clauses de déchéance pour violation des dispositions reproduites textuellement dans la police.

Des polices exigent parfois que les assurés préviennent du sinistre des autorités déterminées dans un délai très bref et frappent de déchéance les assurés qui ne se conforment pas à cette obligation. La déchéance est alors d'autant plus exorbitante qu'outre qu'il y a une légère négligence de la part de l'assuré, l'assureur ne souffre aucun préjudice ou un préjudice restreint. Aussi l'article 37, 2e alinéa, déclare nulles ces clauses de déchéance, en ajoutant que l'assureur a seulement le droit de réclamer des dommages-intérêts en proportion du préjudice que le défaut de déclaration aux autorités lui fait éprouver.

SECTION IV.

De la prescription.

ART. 38.

La seule disposition que nos lois contiennent sur la prescription en matière d'assurances est celle de l'article 432 du Code de commerce; il dispose que les actions résultant du contrat d'assurance maritime se prescrivent par cinq ans à compter de la date de la police. Mais, à défaut de dispositions spéciales, les actions résultant des autres assurances ne sont soumises qu'à la prescription de trente ans (art. 2262 du Code civil). Cette prescription est trop longue; il importe que les questions relatives aux assurances soient assez promptement résolues. Aussi les polices assignent-elles d'ordinaire à la prescription une durée plus courte.

Dès l'instant où il est fait une loi sur les assurances, il importe qu'elle fixe elle-même la durée de la prescription et qu'elle le fasse, en s'inspirant de l'esprit des clauses des polices les plus répandues, par l'admission d'une courte prescription. L'article 38 (1er alinéa) adopte la prescription annale pour toute action dérivant d'un contrat d'assurance et y assigne comme point de départ l'événement même qui donne naissance à l'action. Par conséquent, l'action en indemnité se prescrira du jour du sinistre, l'action en payement de la prime du jour de l'échéance. Mais pour certaines actions, un autre point de départ est assigné à la prescription; il en est ainsi, pour l'action en nullité fondée sur une réticence ou une fausse déclaration, pour l'action en indemnité quand l'assuré prouve qu'il a ignoré le sinistre, pour l'action de l'assuré contre l'assureur fondée sur le recours qu'un tiers a contre lui (art. 38).

ART. 39.

Si l'on ne peut ni renoncer par avance à la prescription (art. 2220 du Code civil), ni convenir que la durée en sera supérieure à celle que détermine la loi, il est incontestable qu'on peut d'ordinaire convenir que la prescription sera abrégée. Une convention de la dernière sorte est habituellement vue même avec une certaine faveur, elle a l'avantage de hâter la libération du débiteur. Les polices actuellement en vigueur appliquent cette solution en assignant à la prescription en matière d'assurances une durée bien inférieure à trente ans.

Mais, dès l'instant où la loi assigne à la prescription des actions dérivant de l'assurance une durée d'un an, c'est-à-dire une durée courte, il importe, dans l'intérêt de l'assuré, d'empêcher que la durée de la prescription des actions qui lui appartiennent contre l'assureur, ne puisse être abrégée par une clause de la police. L'assureur n'a pas besoin d'être protégé par la loi et l'on concevrait que les abréviations conventionnelles de la prescription soient admises pour les actions de l'assureur contre l'assuré. Mais, dans un but d'égalité, l'article 39 (1er alinéa) a écarté toute distinction et déclare nulles les clauses qui abrègent la prescription de toutes les actions soit de l'assuré, soit même de l'assureur.

Toutefois, à titre exceptionnel, dans les assurances sur la vie, il y a lieu d'admettre les clauses abréviatives de la prescription pour les actions en nullité fondées sur une réticence ou sur une fausse déclaration. Il a été dit plus haut que l'assurance est nulle pour réticence ou pour fausse déclaration, qu'il y ait eu dol ou simple négligence de la part de l'assuré (art. 36, 1er alinéa). Il est évident qu'il ne saurait être convenu ni que la réticence ou la fausse déclaration de l'assuré ne sera pas, en cas de dol de sa part, une cause de nullité, ni que l'action en nullité qui en résultera aura une durée inférieure à celle que détermine la loi. Il est contraire à l'ordre public qu'une personne convienne par avance qu'elle n'encourra pas les conséquences de son dol, puis le législateur ne peut se montrer favorable à des conventions qui abrègent le délai durant lequel la nullité qui sert à réprimer le dol de l'assuré peut être invoquée par l'assureur. Mais ces considérations n'ont plus de valeur quand il s'agit d'une réticence ou d'une fausse déclaration provenant d'une simple négligence. Il est arrivé qu'après de longues années durant lesquelles les primes avaient été payées, des compagnies d'assurances sur la vie ont invoqué la nullité dans ces circonstances. Les prévisions de l'assuré se trouvaient alors trompées malgré les sacrifices pécuniaires qu'il avait faits. Il n'y a pas là seulement une situation fâcheuse pour les bénéficiaires de l'assurance, mais des faits de ce genre peuvent détourner beaucoup de personnes de contracter des assurances au détriment de l'esprit de prévoyance qu'il importe de ne pas décourager et au préjudice des compagnies. Aussi, insère-t-on parfois dans les polices d'assurance sur la vie des clauses d'*incontestabilité*. On désigne sous ce nom les clauses par lesquelles il est stipulé soit que l'assureur n'aura pas le droit de demander la nullité pour réticence ou pour fausse déclaration provenant de négligence, soit qu'il sera privé de ce droit quand les primes auront été payées pendant un certain nombre d'années. L'article 39, 2e alinéa, admet la validité de ces clauses, spécialement de la seconde qui peut abréger la durée de la prescription dont, en cas de réticence ou de fausse déclaration, le point de départ est fixé, conformément aux règles du droit commun (art. 1304, C. civ.), du jour où la découverte en a été faite par l'assureur.

ART. 40.

Les courtes prescriptions courent, en général, contre les incapables au profit desquels la prescription est d'ordinaire suspendue. Le Code civil le décide ainsi expressément, tout au moins pour les courtes prescriptions qu'il établit (art. 2278, C. civil). Des difficultés se sont parfois présentées sur le point de savoir s'il en est ainsi, même pour les courtes prescriptions établies par des dispositions légales autres que celles du Code civil. Afin qu'une question de ce genre ne puisse pas naître pour la prescription annale à laquelle sont soumises les actions dérivant du contrat d'assurances, l'article 40 (1er alinéa) écarte expressément la suspension de cette prescription.

Au contraire, cette prescription est soumise aux causes d'interruption ordinaires (art. 2242 à 2248). Seulement, comme les primes n'atteignent souvent qu'une somme peu élevée, il importe d'éviter les frais pour l'interruption de la prescription de l'action en payement de la prime. Aussi l'article 40, 2e alinéa, admet-il que cette prescription peut être interrompue par l'envoi d'une lettre recommandée. Il ne sera donc pas besoin d'un commandement ou d'une demande en justice qui entraînent des dépenses, par cela même qu'elles exigent l'intervention d'un huissier.

TITRE II.

DES ASSURANCES CONTRE L'INCENDIE.

Les assurances contre l'incendie sont certainement les plus nombreuses des assurances terrestres. Cependant, malgré l'importance considérable de ces assurances, le projet ne contient que six articles les concernant. Ce petit nombre de dispositions consacrées aux assurances contre l'incendie s'explique aisément. Les questions spéciales aux assurances contre l'incendie sont peu nombreuses et, par suite, les règles générales posées dans le titre premier leur sont toutes applicables.

Les dispositions du projet relatives aux assurances contre l'incendie sont destinées à déterminer de quels dommages l'assureur répond ou ne répond pas. Les règles que pose le projet, sont, du reste, à l'exception d'une seule (article 44), purement interprétatives et, par suite, ne s'appliquent que sauf clause contraire.

ART. 41.

L'incendie ne se confond pas exactement avec la destruction ou la détérioration par le feu. Ainsi, il est certain que lorsqu'un objet tombe dans un foyer allumé ou quand un vêtement est endommagé parce que celui qui le porte s'est approché d'un feu allumé, il y a destruction par le feu et personne ne saurait dire qu'il y a incendie. En conséquence, de tels dommages ne sont pas couverts par une assurance contre l'incendie. Mais, bien entendu, les assureurs peuvent, se montrant très larges dans l'interprétation du mot incendie, accorder des indemnités pour des dommages de cette sorte sans pouvoir y être contraints, à moins qu'une clause de la police ne donne une grande extension à la responsabilité de l'assureur, ce que la loi ne saurait défendre. En réalité, le contrat sort alors des limites naturelles d'une simple assurance contre l'incendie.

ART. 42 ET 43.

L'incendie cause non seulement des dommages matériels, mais il a souvent pour conséquence de faire éprouver à l'assuré des pertes pécuniaires indépendantes de toute perte ou détérioration matérielle, spécialement en suspendant l'exercice du commerce ou de l'industrie de l'assuré pendant un temps plus ou moins long. Il paraît conforme à l'intention des parties de ne rendre l'assureur garant que des dommages matériels, sans pourtant exclure la possibilité d'une clause qui étendrait la responsabilité de l'assureur aux autres dommages pécuniaires, tels que les pertes provenant du chômage et autres.

Du reste, il est raisonnable d'assimiler aux dommages causés à la chose assurée par l'incendie lui-même ceux qu'ont subi cette même chose par suite de mesures de sauvetage ou de secours, comme le sont les dommages causés par l'eau dont la maison assurée a dû être inondée pour arrêter les progrès du sinistre (art. 43).

ART. 44.

Souvent des objets sont perdus, disparaissent ou sont volés pendant un incendie sans qu'il puisse être établi qu'ils ont été ou non détruits par le feu ou par les mesures prises pour en arrêter les progrès. Beaucoup de polices contiennent une clause écartant, dans ces cas, la responsabilité de l'assureur.

Il est évident que l'assurance contre l'incendie ne s'applique pas au cas de vol, il n'y a pas là un risque d'incendie et l'assurance contre le vol, qui commence à être pratiquée, est absolument distincte de l'assurance contre l'incendie. Mais, quand il y a perte ou disparition des choses comprises dans l'assurance pendant l'incendie et que la cause de la perte ou de la disparition ne peut pas être établie, il est naturel de supposer qu'elle est due à l'action du feu. Par suite, l'assureur doit être responsable, à moins qu'il ne prouve le vol. Afin d'empêcher l'insertion dans les polices de clauses du genre de celles qui excluent la responsabilité de l'assureur quand la cause de la disparition ou de la perte n'est pas établie, l'article 44 exclut la convention contraire à la règle qu'il pose.

Cette règle impérative a été l'objet de quelques critiques : on a allégué qu'elle est très dure pour l'assureur et qu'avec elle il peut être victime de fraudes graves. Mais ce qui atténue la rigueur de la règle dont il s'agit c'est que, bien entendu, conformément aux principes généraux du droit, l'assuré ne peut réclamer d'indemnité que pour les choses dont l'existence au moment du sinistre est prouvée.

ART. 45.

Par cela même que l'assurance est destinée à garantir l'assuré contre les dommages provenant de l'incendie, elle doit demeurer sans effet pour les dommages causés par le vice propre de la chose assurée, c'est-à-dire par un défaut de cette chose ou par sa nature elle-même. En ce point, l'article 45 ne fait qu'appliquer à l'assurance contre l'incendie une règle générale énoncée dans l'article 22. Mais cela cesse d'être vrai quand le vice propre a causé l'incendie; c'est ce qui a lieu dans le cas où, par exemple, l'incendie d'une maison est dû à un défaut de construction. Seulement les règles relatives à la nullité pour réticence ou pour fausse déclaration (art. 36) doivent conduire à annuler l'assurance quand le vice propre a été connu de l'assuré seul lors de la conclusion du contrat.

ART. 46.

Les primes sont généralement fixées d'après des statistiques qui servent de base à des calculs de probabilité. Aussi, sous peine d'imposer à l'assureur une responsabilité que les parties n'ont pas entendu lui faire supporter et qui serait hors de proportion avec la prime stipulée, l'on ne doit point lui faire supporter des incendies causés par des cataclysmes au sujet desquels aucune prévision ne peut être faite, aucun calcul ne peut être établi. L'article 46 décide, par suite, que l'assurance ne couvre pas les incendies occasionnés par les éruptions de volcans, les tremblements de terre, les ouragans, les trombes ou autres cataclysmes. Mais il se peut que, dans un pays ou dans une contrée où ces cataclysmes se produisent souvent, les assurés désirent être garantis contre eux. Il n'y a pas d'obstacle à ce que, par une clause expresse, l'assureur assume cette responsabilité exceptionnelle.

TITRE III.

DES ASSURANCES SUR LA VIE.

On désigne, dans l'usage, sous le nom d'assurances sur la vie, des contrats variés dont le caractère commun consiste en ce que l'une des parties (l'assureur) s'oblige à payer une somme d'argent (capital assuré) ou à faire le service d'une rente à partir du décès d'une autre personne (l'assuré) ou quand celle-ci sera parvenue à un certain âge. Ces opérations aléatoires reposent sur des calculs concernant la durée de la vie humaine.

Elles sont d'une grande variété, on distingue notamment les assurances en cas de décès sur une ou plusieurs têtes et les assurances en cas de vie; parmi les premières sont les assurances de survie soit unilatérales soit réciproques. Les clauses de ces contrats sont aussi très variées quant aux primes; celles-ci, selon les conventions consistent dans une somme une fois payée ou dans des annuités ou à la fois dans une somme une fois payée et dans des annuités et les annuités sont payables tantôt pendant un certain laps de temps fixé par avance, tantôt pendant toute la vie de l'assuré.

Cette variété tient à la diversité même des besoins auxquels, selon les cas, les assurances sur la vie peuvent satisfaire. Elles constituent des actes de prévoyance ayant pour but tantôt d'assurer un capital ou une rente à ceux qui pourront subir un préjudice par suite de la mort de l'assuré, tantôt de garantir une dot à un enfant s'il parvient à un certain âge, tantôt de fournir un supplément de revenus à ceux que l'âge empêchera de travailler. Elles sont aussi parfois un moyen de crédit quand l'assuré contracte une assurance en cas de décès au profit de ses créanciers.

Une loi ne saurait s'occuper de toutes les combinaisons que trouvent les compagnies d'assurances pour plier ces assurances à tous les besoins et à toutes les situations des assurés. Le rôle du législateur doit se borner à poser quelques principes destinés à résoudre les principales questions. C'est ce que fait le projet de loi. Mais il a dû, à côté de règles communes à toutes les assurances sur la vie, en poser quelques-unes qui résolvent des questions spéciales aux assurances en cas de décès. Ainsi, il est évident que la question de savoir si le capital assuré doit être considéré comme faisant partie de la succession de l'assuré, est spéciale aux assurances en cas de décès. Il va de soi aussi que le législateur n'a à prendre des mesures pour éviter les abus auxquels peuvent donner lieu les assurances contractées par une personne sur la tête d'un tiers que pour les assurances en cas de décès, à l'exclusion des assurances en cas de vie.

La détermination de la nature juridique du contrat d'assurance sur la vie a donné lieu à de nombreuses discussions. Des auteurs ont refusé à ce contrat le caractère de contrat d'assurance pour en faire une variété du prêt, du dépôt ou d'autres contrats. Tous les législateurs jusqu'ici ont tranché la question dans le même sens; ils ont considéré l'assurance sur la vie comme une variété du contrat d'assurance. C'est ce que fait le projet de loi, par cela même qu'il consacre un titre aux assurances sur la vie.

Plusieurs observations doivent, toutefois, être présentées.

Dans les assurances, en général, la réalisation du risque est incertaine, de telle sorte qu'il est possible que l'assureur n'ait rien à payer à l'assuré. Dans les assurances en cas de décès, en général, la réalisation du risque est certaine; il n'y a d'incertitude que sur l'époque à laquelle elle se produira par suite de la durée variable de la vie humaine.

Dans la plupart des assurances c'est un événement malheureux (incendie, accident de personnes, destruction d'une récolte par la grêle, perte de marchandises transportées, etc.), qui constitue la réalisation des risques. Dans les assurances en cas de vie, c'est un événement heureux et souhaité par l'assuré qui produit la réalisation des risques. Mais cet événement heureux causant un préjudice pécuniaire (dépenses, diminution de revenus), l'assurance trouve son application.

Les assurances, en général, constituent des contrats d'indemnité et l'assureur ne peut, par suite, devoir une indemnité supérieure au préjudice éprouvé par l'assuré (art. 8 à 11). Dans les assurances sur la vie, il est, en fait, impossible de s'en tenir à ce principe, à raison de ce qu'on ne saurait arriver à déterminer exactement le dommage résultant de la mort de l'assuré ou de son arrivée à un âge déterminé. Si la somme assurée pouvait être réduite sous le prétexte qu'elle est exagérée, le contrat d'assurance ne remplirait pas d'une façon complète sa fonction de contrat de prévoyance.

Mais ces différences entre les assurances sur la vie et les autres assurances sont secondaires; elles prouvent, non que les assurances sur la vie ne sont pas des assurances, mais que ce sont des assurances d'une nature quelque peu spéciale.

Le titre III, qui est exclusivement relatif aux assurances sur la vie, comprend les articles 47 à 73. Les dispositions du projet qui concernent ces assurances, sont donc nombreuses. Il y en a plusieurs raisons. D'abord, pour les assurances sur la vie, des dérogations aux règles générales régissant les assurances sont nécessaires. Puis, comme cela vient d'être indiqué, beaucoup de questions tout à fait spéciales aux assurances sur la vie sont à résoudre. Il en est notamment ainsi de celles qui concernent les droits du bénéficiaire en matière d'assurance en cas de décès faite au profit d'un tiers et du sort du capital assuré, des conditions sous lesquelles peut être contractée une assurance en cas de décès sur la tête d'un tiers, des conséquences de la cessation du payement des primes, etc.

Toutes ces questions qui touchent parfois aux matières les plus diverses du Droit civil et du Droit commercial, spécialement aux successions, aux donations et testaments, aux contrats de mariage, à la faillite, etc., ont été souvent portées devant les tribunaux. Avec des revirements, des progrès graduels et des hésitations parfois assez notables, la jurisprudence de la Cour de cassation s'est peu à peu formée. Le projet de loi consacre avec de légers changements beaucoup des solutions admises par la Cour suprême. La plupart paraissent conformes à la volonté des intéressés et favorables au développement des assurances sur la vie que le législateur doit, surtout dans un pays démocratique, favoriser comme constituant des actes de prévoyance et d'économie particulièrement louables et utiles. Ainsi, les solutions de la jurisprudence parfois un peu incertaine ou exposée à des revirements subits seront définitivement introduites dans nos lois et les intéressés n'auront pas à redouter des changements pouvant amener à des résultats contraires à leur intention.

Dans le titre I du projet, quelques dispositions indiquent déjà un certain nombre de règles générales sur les assurances auxquelles il est dérogé pour les assurances sur la vie.

Ainsi, l'article 10, 1er alinéa, dispose que, par dérogation au principe selon lequel l'assurance n'est qu'un contrat d'indemnité, la somme assurée est définitivement fixée par la police d'assurance sur la vie. L'article 11, dernier alinéa, écarte, par cela même, pour les assurances sur la vie, les dispositions concernant la double assurance. L'article 28, dernier alinéa, mentionne quelques obligations dont est tenu, en général, l'assuré et qui ne lui incombent pas en matière d'assurance sur la vie.

Toutes les autres dispositions spéciales relatives à ces assurances se trouvent dans le titre III. Il y a lieu de donner quelques explications sur chacun des articles qui le composent.

ART. 47.

Une personne peut contracter une assurance sur sa propre vie, en ce sens que le capital assuré ou la rente assurée sera due si elle vit à une certaine époque ou quand elle viendra à mourir ou si elle meurt dans un certain délai. Mais rien n'empêche, en principe, qu'une personne contracte une assurance sur la vie d'un tiers, c'est-à-dire qui produira son effet au décès de celui-ci ou s'il vit à une certaine époque.

Les assurances sur la vie d'un tiers sont parfois très utiles et très légitimes. Ainsi, il arrive parfois qu'un créancier contracte une assurance en cas de décès sur la tête de son débiteur dont la mort prématurée peut mettre obstacle au payement de la dette; qu'un père contracte une assurance en cas de vie de sa fille pour le cas d'arrivée de celle-ci à un certain âge, afin d'avoir de quoi lui constituer une dot.

Mais, comme les meilleures choses, l'assurance *en cas de décès* sur la tête d'un tiers, peut donner lieu aux pires abus. Il importe que la loi prenne des précautions pour les prévenir autant que possible et, s'il y a lieu, pour les réprimer. C'est là le but des articles 48, 49 et 50.

ART. 48.

Le danger que peut courir l'assuré à raison de l'assurance en cas de décès contractée sur sa tête par une autre personne, doit faire exiger le consentement de l'assuré. C'est, du reste, une exigence que consacrent les statuts même des compagnies d'assurances sur la vie d'après une clause qu'impose le Conseil d'État. Il est nécessaire de poser cette règle dans la loi même, surtout en prévision de l'adoption du projet de loi relatif au contrôle des compagnies d'assurance sur la vie d'après lequel les statuts de ces compagnies ne seront plus soumis à l'approbation du Gouvernement.

Pour éviter toute difficulté, il est nécessaire que le consentement de l'assuré soit donné par écrit et, bien entendu, que le montant de la somme assurée soit indiqué. On conçoit que l'assuré consente ou ne consente pas à ce qu'un tiers contracte une assurance sur sa tête selon l'importance de la somme assurée.

Les motifs mêmes qui font requérir le consentement de l'assuré pour l'assurance contractée sur sa tête par une autre personne, doivent faire exiger ce consentement toutes les fois qu'il y a transmission du bénéfice du contrat dont il s'agit. L'assuré qui a bien voulu qu'une assurance fût contractée sur sa tête au profit d'un tiers, pour des motifs dont il doit être souverain juge, peut ne pas vouloir que le bénéfice de l'assurance passe à une autre personne qui se trouvera avoir intérêt à sa mort.

L'expérience prouve que, malgré la nécessité du consentement de l'assuré, des abus peuvent se produire. Ainsi, vers la fin du second Empire, des spéculateurs avaient entrepris en Alsace de faire assurer de pauvres gens dont ils achetaient le consentement. Ils avaient soin de les choisir parmi les ivrognes ou les ouvriers exerçant des métiers dangereux. Malgré le consentement des assurés, l'opération était immorale. Afin d'empêcher autant que possible de tels abus, il importe que l'assureur puisse, toujours faire résilier le contrat, à charge par lui de prouver que le souscripteur de la police n'avait, en réalité, aucun intérêt, lors de la souscription, à la vie de l'assuré.

Il se peut qu'un tiers ait un intérêt à la vie de l'assuré au moment du contrat auquel celui-ci a donné son consentement, mais que cet intérêt disparaisse. C'est là ce qui se présente quand un créancier ayant contracté une assurance en cas de décès sur la tête de son débiteur, celui-ci acquitte sa dette. L'assuré peut alors légitimement vouloir que l'assurance contractée sur sa tête, ne subsiste point. Elle a été contractée valablement, mais le fait postérieur au contrat qui s'est produit, doit permettre à l'assuré d'en obtenir la résiliation. Il en serait autrement si l'intérêt qu'avait le souscripteur de la police à la vie de l'assuré disparaissant, un intérêt nouveau se produisait. C'est là ce qui pourrait arriver si un créancier ayant contracté une assurance sur la tête de son débiteur, celui-ci, après avoir acquitté sa dette, en contractait une nouvelle envers le même créancier.

ART. 49.

Les assurances contractées sur la tête d'un tiers ont donné lieu à des abus spéciaux.

On a signalé récemment des assurances en cas de décès contractées sur la tête d'enfants âgés de quelques mois ou de quelques années par leurs parents ou par des nourrices, et l'on a cru découvrir dans ces contrats l'une des causes de la fréquence de la mortalité infantile dans certaines localités du département du Nord, spécialement à Halluin. Ces assurances ne paraissent avoir été faites que par des compagnies étrangères.

Ces faits ont été signalés à l'attention de l'Académie de médecine dans sa séance du 3 mars 1903 par M. le docteur Budin. L'Académie les a portés à la connaissance de M. le Ministre de l'intérieur et a appelé sur eux toute la vigilance du Gouvernement. Une enquête sur la mortalité infantile à Halluin et dans ses environs, sur ses causes et l'influence que pourraient avoir eue sur elle les assurances en cas de décès sur la tête d'enfants en bas âge, a été faite par MM. les docteurs Ausset et Oui. Dans le rapport que ceux-ci ont adressé au Comité départemental du Nord pour la protection des enfants du premier âge, il est constaté que le mal a été exagéré, que les assurances visées ne peuvent avoir eu d'influence sur le taux de la mortalité infantile. Mais les rapporteurs n'en appellent pas moins sur ces contrats l'attention des pouvoirs publics, en indiquant que ces contrats pourraient donner lieu à d'horribles spéculations, aussi émettent-ils l'avis qu'il y aurait lieu, dans tous les cas, d'interdire absolument l'assurance en cas de décès contractée par des tiers non parents sur la tête d'enfants.

Il paraît indispensable, pour empêcher le mal de se propager, de prohiber les assurances contractées par des tiers quelconques sur la tête de personnes qui ne sont pas, à raison de leur âge ou de l'état de leurs facultés mentales, aptes à consentir en connaissance de cause, puis de sanctionner par la nullité cette prohibition et de prononcer même une peine d'amende contre ceux qui la violeraient. C'est là ce que fait l'article 49.

Les personnes que cet article considère comme ne pouvant consentir à ce qu'une assurance soit contractée sur leur tête, sont les mineurs âgés de moins de 15 ans, les interdits et les individus placés dans une maison d'aliénés (art. 49, 1er alinéa). Il a semblé que l'âge de 15 ans pouvait d'autant plus être pris comme âge au-dessous duquel un mineur ne peut consentir à ce qu'une assurance en cas de décès soit contractée sur sa tête, qu'avant cet âge, le Code civil n'admet pas l'émancipation (art. 477, Code civil).

Mais la prohibition des assurances en cas de décès contractées par des tiers sur la tête de personnes incapables de consentir ne doit pas être étendue au cas où une semblable assurance n'est que l'accessoire d'une assurance en cas de vie. Il est fréquent qu'un tiers contracte une assurance en vertu de laquelle le capital assuré sera payé si un mineur arrive à un âge déterminé; mais le souscripteur stipule qu'en cas de décès de l'assuré avant l'âge fixé, les primes seront restituées. Il y a là pour les primes, une véritable assurance en cas de décès qui doit toujours être admise comme accessoire de l'assurance en cas de vie.

ART. 50.

Il peut être utile qu'une assurance en cas de décès soit contractée sur la tête d'une personne légalement incapable (mineur âgé de 15 ans au moins, femme mariée, etc.). Cela doit être admis par la loi si cette personne est en état de comprendre la portée du consentement qu'elle donne à cette assurance. Seulement, dans un but de protection, le projet exige, outre le consentement de l'incapable, à raison de ce que l'opération touche à sa personne, l'autorisation de celui qui est chargé de le protéger, c'est-à-dire du tuteur, du curateur, du mari, du conseil judiciaire.

ART. 51.

Dans ses dispositions générales (art. 17), le projet détermine les énonciations que doivent contenir les polices d'assurances. La nature spéciale de l'assurance sur la vie fait que, dans les polices qui y sont relatives, certaines énonciations particulières sont indispensables. L'article 51 les indique.

ART. 52.

La police d'assurance est un titre de créance; elle constate la créance à terme ou sous condition qu'a le bénéficiaire contre l'assureur. Elle peut, d'après l'article 18, revêtir les mêmes formes que les titres de créance en général, c'est-à-dire que selon les convenances des intéressés les polices d'assurance peuvent être à personne dénommée, à ordre ou au porteur.

En matière d'assurances sur la vie, il n'y a pas de raison décisive pour ne pas admettre, outre les polices à personne dénommée, des polices à ordre. Celles-ci, sans être nombreuses, se rencontrent parfois. Mais la forme au porteur doit être exclue. Elle ne concorderait pas avec la prescription d'après laquelle une police d'assurance ne peut être transmise sans le consentement de l'assuré et la facilité de la transmission pourrait donner lieu à des abus.

C'est pour les éviter que, lorsqu'il s'agit d'une police à ordre, l'article 52 (2e alinéa) exige que l'endossement contienne toujours le nom du bénéficiaire. Ainsi, en matière d'assurance sur la vie, l'endossement en blanc admis pour les autres assurances (art. 18, 2e alin.), ne sera pas possible. Mais l'indication de la valeur fournie n'est pas plus nécessaire dans les polices d'assurances sur la vie que dans les autres polices d'assurances. Cette mention est généralement considérée comme ne se justifiant par aucune raison pour l'endossement des lettres de change et des billets à ordre où elle est exigée (art. 137 et 138, C. comm.).

Il importe que l'assureur connaisse la personne au profit de laquelle l'endossement est fait et qui, comme porteur de la police, a le droit de toucher la somme assurée. L'endossement n'est opposable à l'assureur que lorsqu'il a été porté à sa connaissance par une lettre recommandée ou que l'asssureur a reconnu par écrit le porteur comme bénéficiaire de la police.

ART. 53.

L'assurance en cas de décès serait un contrat immoral et dangereux s'il créait un intérêt au suicide. Aussi y a-t-il lieu d'interdire la clause par laquelle l'assureur s'engagerait à payer la somme assurée en cas de suicide conscient et volontaire de l'assuré. Cette prohibition existe dans tous les pays, elle est, bien qu'on ait parfois dit le contraire, admise par la jurisprudence dans les États-Unis d'Amérique (1).

La violation de cette prohibition fondée sur des motifs d'ordre public, doit recevoir une sévère sanction. Aussi l'article 53 déclare-t-il nul le contrat entier et non pas seulement la clause illicite. De plus, pour que l'assureur ne tire aucun profit d'un contrat dans lequel il a inséré une clause prohibée par la loi, les primes qu'il a reçues sont soumises à restitution (art. 53, dernier alinéa).

---

(1) Arrêt de la Cour suprême des États-Unis d'Amérique, du 12 janvier 1898. (*Héritiers Runk* contre *la Mutual Life*.)

ART. 54.

Il ne faut pas confondre le cas où la police contiendrait une clause donnant effet au contrat en cas de suicide et le cas beaucoup plus pratique où aucune clause de ce genre ne se trouvant dans la police, l'assuré s'est donné la mort. Dans ce cas, le contrat est sans doute valable, seulement la mort de l'assuré est survenue par une cause qui doit exclure la responsabilité de l'assureur, c'est-à-dire qu'il n'est pas tenu de payer le capital assuré. Mais l'assureur ne saurait être entièrement libéré. On sait que dans les assurances en cas de décès, les primes étant égales pour toute la durée du contrat, celles des premières années excèdent le taux qu'elles atteindraient si l'on ne tenait compte que des risques véritables, tandis que celles des années subséquentes sont inférieures. Les excédents de primes qui se trouvent entre les mains de l'assureur constituent la réserve dont celui-ci est débiteur envers l'assuré si le contrat ne reçoit pas sa pleine et entière exécution. Il est juste que la réserve soit remise, en cas de suicide, aux personnes qui bénéficieraient de l'assurance si elle produisait ses effets. Il y a là une sorte de rachat rendu obligatoire par la loi même et fait à des conditions qu'elle détermine.

Toutefois, cela ne doit être admis que lorsque l'assureur a, lors du suicide de l'assuré, touché les primes pendant un certain nombre d'années. Car, à l'occasion de toute police nouvelle, l'assureur a à supporter des frais divers dans lesquels il importe qu'il puisse rentrer lors même que l'assurance ne reçoit pas son entière exécution. La police détermine pendant combien d'années les primes doivent avoir été payées pour qu'en cas de suicide de l'assuré l'assureur ne soit pas libéré mais doive le montant de la réserve. D'après l'usage, il est exigé que les primes aient été acquittées pendant trois ans. L'article 54 fait de cet usage une règle impérative, en ce sens que la police ne peut prescrire que les primes aient été acquittées pendant plus de trois ans, pour qu'en cas de suicide le remboursement de la réserve soit dû par l'assureur.

Il va de soi que tout ce qui vient d'être dit est sans application en cas de suicide inconscient. Ce suicide est à assimiler à un cas fortuit. Alors, le contrat doit produire ses pleins effets, c'est-à-dire que le capital assuré est dû en entier.

Par cela même que les obligations de l'assureur diffèrent profondément selon qu'il y a ou non suicide et que le suicide a été conscient ou inconscient, des contestations se présentent parfois sur le point de savoir dans quel cas précis on se trouve et des difficultés s'élèvent sur les règles à appliquer quant à la charge de la preuve. Il y a lieu alors de déterminer si c'est à l'assureur à prouver que le suicide a été conscient ou au bénéficiaire à prouver qu'il a été inconscient.

L'article 54, dernier alinéa, résout ces difficultés en se conformant aux principes généraux du droit sur la preuve qu'en général, la jurisprudence actuelle applique, du reste, déjà d'une façon très exacte. Le suicide est un fait exceptionnel qui libère l'assureur de l'obligation de payer le capital assuré. Il incombe à l'assureur de prouver le suicide, puisque le débiteur qui se prétend libéré doit prouver le fait qui entraîne sa libération (art. 1315, 2e alinéa, Code civil). L'état de folie par suite duquel le suicide a pu être inconscient, est un état exceptionnel. C'est aux bénéficiaires de l'assurance qui s'en prévalent à prouver que l'assuré n'avait pas sa raison, quand il s'est donné la mort.

ART. 55.

Les assurances sur la vie présentent, comme il a été dit plus haut, les variétés les plus nombreuses. L'article 55 indique, dans ses quatre premiers alinéas, les principales d'entre elles; il distingue les assurances en cas de vie, les assurances en cas de décès, les assurances mixtes et indique que la somme assurée peut être stipulée payable, spécialement dans l'assurance en cas de décès, soit simplement à la mort de l'assuré, sans désignation des personnes qui en bénéficieront, soit aux héritiers et ayants cause de l'assuré, soit à un bénéficiaire déterminé.

La distinction entre l'assurance contractée au profit des héritiers et ayants cause de l'assuré et l'assurance conclue au profit d'un bénéficiaire déterminé a, d'après une jurisprudence constante, une importance pratique considérable qu'indiquent spécialement les articles 58 et 59. Dans le premier cas, le capital assuré fait partie de la succession de l'assuré; ses héritiers viennent l'y recueillir. Dans le second cas, la somme assurée ne fait pas partie de la succession de l'assuré; l'assuré est réputé y avoir dès l'origine un droit direct né dans sa personne contre l'assureur.

Cette distinction sur laquelle il sera insisté, à propos des articles 58 et suivants, est admise par le projet. Il laisse, comme par le passé, aux tribunaux le soin de décider, en cas de difficulté, si, en fait, il y a ou non un bénéficiaire déterminé.

Mais, à cet égard, une question très pratique s'est souvent présentée et a reçu des solutions divergentes, qui sont toutes fâcheuses. L'intervention de la loi est nécessaire pour la résoudre dans un sens équitable et conforme à la volonté probable des intéressés.

Les polices contiennent parfois une clause attribuant le bénéfice de l'assurance *aux enfants nés et à naître de l'assuré*. Il est généralement reconnu qu'une stipulation ne peut pas être valablement faite au profit de personnes qui ne sont pas même encore conçues au moment où elle intervient. En conséquence, dans l'état actuel de nos lois, les enfants à naître ne peuvent être appelés à bénéficier du contrat dont il s'agit en qualité de bénéficiaires déterminés. Que devient la stipulation de la police? La solution serait simple si la stipulation les visait seuls, mais elle se réfère aussi aux enfants nés pour lesquels il n'est pas interdit de stipuler et qui sont des bénéficiaires déterminés.

Des solutions diverses ont été adoptées par la jurisprudence. Des décisions judiciaires ont admis que la stipulation dont il s'agit vaut, tout au moins, pour les enfants déjà nés lors de la conclusion du contrat, mais que les enfants à naître ne peuvent pas en profiter. D'autres décisions ont, pour ne pas introduire entre les enfants une inégalité souvent contraire à l'intention du souscripteur de la police, admis la nullité complète de la stipulation, de telle sorte que les enfants déjà nés lors du contrat, comme les enfants nés postérieurement, recueillent la somme assurée à titre d'héritiers.

L'une et l'autre de ces solutions ne paraît pas conforme à la volonté probable de l'assuré. Il est utile que, grâce à une disposition légale, il soit mis hors de doute que la stipulation faite au profit des enfants et descendants nés et à naître est considérée comme faite au profit de bénéficiaires déterminés et que les enfants à naître eux-mêmes en profitent.

De là résulte notamment une conséquence que l'article 55, 6e alinéa, indique spécialement; les enfants et descendants nés et à naître ont droit au bénéfice de l'assurance alors même qu'ils renoncent à la succession.

L'article 55 (5e et 7e alinéas) prévoit aussi le cas où l'assurance est faite au profit de la femme de l'assuré. Il indique que la stipulation conçue en ces termes, sans indication d'aucun nom, est considérée comme faite au profit d'une personne déterminée, encore que le nom de la femme de l'assuré ne soit pas énoncé. Cela ne peut, du reste, faire une sérieuse difficulté. En outre, pour éviter toute contestation, l'article 55 indique : 1° que la stipulation faite au profit de sa femme par un assuré qui n'est pas encore marié, est valable; 2° qu'en cas de second mariage, la stipulation faite au profit de la femme de l'assuré profite à sa veuve. Cette dernière disposition empêchera qu'on puisse soutenir que le capital assuré fait partie de la succession de l'assuré quand il ne peut appartenir à sa femme prédécédée ou divorcée.

A la désignation d'un bénéficiaire déterminé en matière d'assurances en cas de décès se rattache une question générale fort importante. Dans quel acte peut être désigné le bénéficiaire pour être considéré comme ne tenant pas son droit de l'assuré, mais comme ayant un droit né dans sa personne?

Les solutions suivantes sont aujourd'hui consacrées par la jurisprudence. Le droit du bénéficiaire est réputé né dans sa personne quand il a été désigné : 1° dans la police elle-même; 2° dans un avenant postérieur. L'avenant est, en effet, un acte modificatif de la police qui fait corps avec elle.

L'assuré ne peut pas, par un avenant, désigner un bénéficiaire déterminé seulement quand l'assurance avait été contractée sans aucune désignation de bénéficiaire ou au profit des héritiers et ayants cause de l'assuré, mais l'assuré peut substituer par un avenant un bénéficiaire déterminé à celui qui avait été désigné dans la police et il peut y avoir même plusieurs bénéficiaires substitués les uns aux autres dans des avenants successifs, sans qu'aucun soit considéré comme l'ayant cause de l'assuré ou des bénéficiaires désignés antérieurement,

Mais il est possible que l'attribution du bénéfice de l'assurance à un bénéficiaire déterminé ne résulte ni de la police, ni d'un avenant, mais que l'assuré ait fait un endossement au profit d'une personne déterminée quand la police est à ordre ou ait accompli au profit d'un bénéficiaire les formalités de l'article 1690 du Code civil, quand la police est à personne dénommée ou enfin ait indiqué un bénéficiaire dans son testament. Doit-on, même dans ces différents cas, reconnaître que le bénéficiaire ne doit pas être traité comme tenant son droit de l'assuré dont il serait l'ayant cause?

Ces cas diffèrent de ceux où le bénéficiaire a été désigné dans la police ou dans un avenant en ce que l'assuré a rempli des formalités qui sont celles des cessions de créances entre-vifs ou celles des legs. Les formes employées semblent donc, au premier abord, devoir faire admettre que le bénéficiaire est un cessionnaire ou un légataire de l'assuré.

On comprend que cette solution soit soutenue aujourd'hui en l'absence de toute loi spéciale. Mais, dès l'instant où le législateur s'occupe des assurances sur la vie, il jouit naturellement d'une liberté que n'a point l'interprète ou le juge.

Il semble que, quand la personne qui doit bénéficier de l'assurance a été déterminée, il est toujours naturel de penser que l'assuré a entendu lui faire acquérir directement un droit propre et non acquérir lui-même un droit pour le lui transmettre ensuite. C'est se montrer bien formaliste que de s'attacher aux formes employées pour écarter l'idée d'un droit direct acquis au bénéficiaire [1]. Du reste, la solution qu'adopte l'article 55, dernier alinéa, n'est, bien entendu, consacrée par le projet que pour le cas où l'assuré n'aurait pas exprimé une volonté contraire. Il lui appartient de stipuler formellement qu'il entend transmettre son droit au bénéficiaire qu'il désigne.

Le système ainsi adopté par le projet a été critiqué spécialement pour le cas de désignation d'un bénéficiaire dans le testament de l'assuré. On a rappelé, pour le combattre, la définition que donne le Code civil du

---

(1) Un arrêt de cassation rendu par la Chambre civile, le 4 mai 1904, admet que l'endossement d'une police d'assurance sur la vie doit être considéré comme un simple mode de désignation du bénéficiaire, non comme une cession.

testament; d'après l'article 895, Code civil, *le testament est un acte par lequel le testateur dispose, pour le temps où il n'existera plus, de tout ou partie de ses biens, etc.*

Cette définition ne saurait constituer une objection sérieuse. Elle vise le testament contenant les dispositions les plus usuelles. Mais on sait qu'un testament peut renfermer des clauses qui ne correspondent en rien à la définition; ainsi, il y a, parfois, dans un testament, une reconnaissance de dette qui n'a nullement pour effet de transmettre un droit du testateur au créancier désigné.

Il est vrai que l'admission d'un bénéficiaire désigné par testament peut faire redouter, par cela même que le testament reste parfois ignoré pendant un certain temps, qu'un assureur paye une autre personne que celle que le testament de l'assuré désigne. Mais le projet de loi renferme une disposition qui met, en pareil cas, l'assureur de bonne foi à l'abri de tout préjudice (art. 71).

ART. 56.

Quoiqu'il en soit, c'est dans la police ou dans un avenant sans le concours du bénéficiaire déterminé que celui-ci est d'ordinaire désigné. La jurisprudence voit là une stipulation pour autrui valable comme constituant la condition du contrat d'assurance, en vertu de l'article 1121 du Code civil. Par application du même article, le stipulant, c'est-à-dire l'assuré, peut révoquer cette stipulation jusqu'au jour où le tiers en a accepté le bénéfice, et cette acceptation peut être expresse ou tacite (art. 56, 1er et 2e alinéas).

Le droit de révocation est un droit personnel pour l'assuré (art. 56, 3e alinéa). Aussi l'assuré seul, à l'exclusion de ses créanciers, peut l'exercer. L'exercice n'en est pas possible, pour la même raison, par le représentant légal de l'assuré. Ainsi, le tuteur de l'assuré qui a été l'objet d'une interdiction depuis la conclusion du contrat, ne peut révoquer la stipulation faite au profit d'un bénéficiaire déterminé par l'assuré.

Il arrive souvent que l'assuré meurt sans que le tiers bénéficiaire ait accepté la stipulation faite à son profit. Une jurisprudence constante consacrée par le projet (art. 59) reconnaît que l'acceptation peut être postérieure même au décès de l'assuré.

Les héritiers de l'assuré n'ont pas, en principe, le droit de révocation. Mais il importe que l'incertitude ne se prolonge pas sur le point de savoir si le bénéfice de l'assurance sera recueilli par le bénéficiaire. Aussi, quand un certain délai s'est écoulé depuis le décès de l'assuré et qu'un nouveau délai est expiré depuis la mise en demeure du tiers bénéficiaire par les héritiers de l'assuré, ceux-ci doivent avoir le droit de révoquer la stipulation. Selon l'article 56, 4e alinéa, le droit de révocation ne peut être exercé après la mort du stipulant que trois mois au moins après que le bénéfice de l'assurance est devenu exigible et un mois au moins après que le bénéficiaire a été mis en demeure d'avoir à déclarer s'il l'accepte.

La stipulation faite au profit d'un bénéficiaire déterminé a un caractère personnel pour celui-ci. Aussi doit-on présumer qu'elle est faite sous la condition de l'existence de ce bénéficiaire lors de l'exigibilité de la somme assurée. En cas de décès du bénéficiaire à ce moment, la somme assurée ne peut appartenir à ses héritiers, mais elle fait partie de la succession de l'assuré et est, par suite, dévolue aux héritiers de celui-ci.

ART. 57.

L'assurance, en cas de décès, n'est pas seulement un moyen de crédit en ce qu'elle peut être contractée par un débiteur au profit d'un de ses créanciers. Elle l'est encore parce que l'assuré, après la conclusion d'une assurance sans désignation d'un bénéficiaire déterminé ou tant que le bénéficiaire n'a point accepté, peut constituer en gage à un de ses créanciers le bénéfice de l'assurance. Mais comment cette constitution en gage peut-elle être faite? Elle peut se faire en remplissant les formalités de l'article 2075 du Code civil, par cela même qu'il s'agit de la mise en gage d'une créance, c'est-à-dire qu'il peut y avoir confection d'un acte constatant la constitution en gage et signification de la mise en gage à l'assureur ou acceptation par lui dans un acte authentique. Mais un autre procédé plus simple est très usité et l'article 57 en admet la validité; l'assuré peut faire dresser un avenant indiquant comme bénéficiaire le créancier gagiste avec stipulation que le droit de celui-ci subsistera, sera éteint en tout ou en partie selon que la dette garantie existera encore, aura été complètement payée ou acquittée en partie lors du décès de l'assuré.

Un autre mode de constitution en gage est possible lorsque la police est à ordre, l'endossement à titre de garantie. Cette forme est admise par le Code de commerce (art. 91) pour la constitution en gage d'une créance à ordre lorsque le gage est commercial, c'est-à-dire quand la dette garantie est commerciale elle-même. Il est douteux qu'un titre à ordre puisse être constitué en gage dans cette forme quand la dette garantie est une dette civile. Afin de faire cesser le doute en ce qui concerne les polices d'assurance sur la vie à ordre et d'en faciliter la mise en gage, l'article 57, dernier alinéa, admet expressément pour ces polices l'endossement à titre de garantie même pour une dette civile.

ART. 58 À 61.

Ces dispositions sont au nombre des plus importantes du projet. Elles résolvent une question déjà mentionnée plus haut à propos de l'article 55. Leur but général est d'indiquer si le capital assuré, en matière d'assurance en cas de décès fait partie de la succession de l'assuré, de telle sorte que ceux qui en profitent viennent l'y prendre comme ayants cause de l'assuré, ou si ce capital ne faisant pas partie de la succession de l'assuré, le bénéficiaire a sur lui un droit né dans sa personne même et qu'il ne tient pas, par suite, de l'assuré.

Pour résoudre cette question capitale, le projet de loi adopte la distinction admise par la jurisprudence indiquée plus haut; il distingue entre l'assurance contractée pour une somme payable au décès de l'assuré soit sans aucune indication relative aux personnes qui en bénéficieront, soit au profit des héritiers et ayants cause de l'assuré et l'assurance contractée au profit d'un bénéficiaire déterminé.

Dans le premier cas, que vise l'article 58, le capital assuré fait partie de la succession de l'assuré. De là résultent notamment différentes conséquences que le projet n'indique pas, parce qu'elles se déduisent pour ainsi dire d'elles-mêmes et ne peuvent donner lieu à aucune difficulté. Ainsi, il va de soi qu'alors, chaque successible a sur le bénéfice de l'assurance un droit proportionnel à sa part héréditaire, que le successible renonçant y perd tout droit, qu'en cas d'acceptation bénéficiaire par l'héritier, les créanciers peuvent se faire payer sur le capital assuré comme sur tous les autres biens de la succession.

Au contraire, dans le second cas, c'est-à-dire quand il y a attribution du bénéfice de l'assurance à un bénéficiaire déterminé, le droit au capital assuré est réputé n'avoir jamais appartenu à l'assuré, mais être né dans la personne du bénéficiaire qui n'est pas l'ayant cause de l'assuré. La jurisprudence applique alors les principes qui régissent, d'après l'article 1121 du Code civil, la stipulation pour autrui.

Le projet donne, comme il a été dit plus haut à propos de l'article 55, à la jurisprudence actuelle une certaine extension, en assimilant au cas de désignation du bénéficiaire déterminé dans la police ou dans un avenant, les cas où l'attribution résulte d'un endossement, des formalités de l'article 1690 du Code civil ou d'un testament.

Si le principe de la naissance directe du droit au bénéfice de l'assurance dans la personne du bénéficiaire est bien établi, on ne saurait méconnaître que quelques-unes des conséquences à en déduire ont fait difficulté. C'est ainsi que pendant longtemps la jurisprudence qui admettait le principe, refusait de l'appliquer en matière de réserve et de réduction; elle soumettait à la réduction le capital assuré recueilli par un bénéficiaire déterminé quand l'assuré, laissant des héritiers réservataires, ce capital dépassait la quotité disponible. C'est seulement en 1896 que la Cour de cassation a compris que cette solution était en contradiction avec le principe lui-même et que le bénéficiaire ne tenant pas son droit au capital assuré de l'assuré, ne peut, au point de vue de la réduction, être traité comme un donataire et qu'en conséquence, il ne saurait être question de réduction portant sur le capital assuré.

Aussi a-t-il paru utile, après avoir posé le principe général dans l'article 59, d'en indiquer les principales eonséquences dans les articles 60, 61 et 63 dernier alinéa, spécialement celle qui est relative à l'inapplication des règles de la réduction pour atteinte à la réserve.

Si le capital assuré, en présence d'un bénéficiaire déterminé, n'est pas sorti du patrimoine de l'assuré pour être acquis par le bénéficiaire, il n'en est pas de même assurément des primes que l'assuré a dû payer durant sa vie. Aussi pourrait-il sembler que, pour les primes il y a lieu de donner des solutions toute opposées à celles qui sont admises pour le capital assuré, de les soumettre au rapport, à la réduction, de donner sur elles aux créanciers de l'assuré les droits divers qui appartiennent aux créanciers à l'occasion d'actes par lesquels leur débiteur diminue son patrimoine (art. 1167, Code civil; art. 446 et 447, Code de commerce). Cette solution rigoureusement logique serait en contradiction avec le droit que doit avoir toute personne de dépenser ses revenus et de faire des économies dans un but de prévoyance. La jurisprudence tenant compte de cette considération admet que, *selon les circonstances*, les héritiers et les créanciers de l'assuré peuvent faire valoir leurs droits quant aux sommes payées par l'assuré à titre de primes. En reconnaissant ce pouvoir d'appréciation aux tribunaux, il importe d'indiquer dans le texte l'idée générale dont ils devront s'inspirer. C'est ce que fait l'article 60, 2ᵉ alinéa, en admettant que le rapport et la réduction des sommes versées par l'assuré à titre de primes peuvent être réclamés *quand ces sommes sont manifestement exagérées eu égard aux facultés de l'assuré*. Les articles 61 et 63, 2ᵉ alinéa, font des applications diverses du principe ainsi formulé pour les primes payées par l'assuré.

ART. 62.

Il ne faut pas confondre les actes par lesquels l'assuré désigne un bénéficiaire avec ceux par lesquels le bénéficiaire dispose du bénéfice de l'assurance. Le bénéficiaire, du jour où il a acquis définitivement un droit à la somme assurée, que ce soit du vivant de l'assuré ou après son décès, peut le transmettre à son gré par les modes ordinaires, cession avec accomplissement des formalités de l'article 1690 du Code civil, endossement quand le titre est à ordre ou legs. Mais les raisons qui ont fait admettre qu'un tiers ne peut contracter une assurance sur la tête d'une personne sans le consentement par écrit de celle-ci, doivent faire décider que le bénéficiaire ne peut transmettre le bénéfice de l'assurance sans le consentement par écrit de l'assuré. Il importe toujours qu'on ne crée pas par convention au profit d'une personne un intérêt pécuniaire à la mort d'une autre, sans que celle-ci donne son assentiment à l'acte d'où l'existence de cet intérêt doit résulter.

ART. 63.

Les assurances sur la vie entre époux sont fréquentes; l'un d'eux (surtout le mari) contracte souvent une assurance en cas de décès au profit de son conjoint et il n'est pas rare que deux assurances réciproques soient contractées l'une par le mari au profit de sa femme, l'autre par celle-ci au profit de son mari.

En dehors d'une question de forme que ces assurances réciproques ont parfois fait naître et que résout l'article 64, aux assurances sur la vie entre époux se rattachent des difficultés spéciales qui tiennent au régime matrimonial ou aux règles de la faillite.

Quand les époux sont mariés sous le régime de la communauté et que l'un d'eux contracte une assurance en cas de décès au profit de son conjoint, le capital assuré fait-il partie de la communauté ou appartient-il en propre au conjoint bénéficiaire? Cette question se pose également, qu'il y ait une assurance unique ou deux assurances réciproques. Elle présente un intérêt pratique très grand. Si le capital assuré tombe dans l'actif commun, la moitié en appartient aux héritiers du conjoint décédé à l'exclusion du bénéficiaire qui n'en prend lui-même qu'une moitié ou même qui n'en prend rien si le bénéficiaire est la femme et qu'elle renonce à la communauté. Si le capital assuré est propre, le bénéficiaire le prend en entier à l'exclusion complète des héritiers du conjoint prédécédé et la femme peut le conserver malgré sa renonciation à la communauté.

Il paraît certain que l'intention de l'assuré est de faire acquérir un droit propre à son conjoint au profit duquel il a stipulé dans la police d'assurance. Mais on a soutenu, et des arrêts ont adopté cette doctrine, que les principes du régime de la communauté s'opposent à ce que l'intention de l'assuré soit réalisée; on dit, en effet, que l'un des conjoints ne peut pas augmenter la fortune propre de l'autre à l'aide de biens ou de sommes pris dans l'actif de la communauté, qu'il y a là une violation de l'article 1395 du Code civil qui admet l'irrévocabilité des conventions matrimoniales.

Cette solution est très fâcheuse, en ce qu'elle empêche un époux d'assurer à son conjoint des moyens de vivre et de conserver à peu près sa situation pécuniaire antérieure en cas de dissolution de la communauté par le prédécès de l'assuré. En réalité, les principes n'obligent pas à faire tomber la somme assurée dans la communauté. Des arrêts ont cherché à échapper aux conséquences fâcheuses de cette solution en disant qu'il y a une donation faite au bénéficiaire pour la part à laquelle il n'a pas droit comme époux commun en biens. Cette doctrine a le grave inconvénient de faire considérer le conjoint survivant comme donataire pour la portion de la somme assurée qu'il ne vient pas recueillir dans la communauté et, par suite, de rendre applicables notamment les règles sur la réduction au profit des héritiers réservataires et au préjudice du conjoint survivant.

La vérité est qu'on peut admettre que le capital assuré constitue un propre pour le tout au profit du conjoint bénéficiaire sans violer les règles du régime de la communauté et sans considérer ce conjoint comme donataire pour la portion qu'il ne recueille pas comme commun. Les biens mobiliers acquis aux époux font partie de l'actif commun, mais à cette règle une exception est faite pour les biens donnés à un conjoint sous la condition qu'ils lui demeureront propres (art. 1401, 1°, C. civil). On peut admettre qu'il en est ainsi des droits acquis à un conjoint en vertu d'une assurance sur la vie faite à son profit s'il résulte des circonstances que l'intention de l'assuré a été de faire du droit au capital assuré un propre. Cette intention est rendue évidente par la désignation même du conjoint comme bénéficiaire déterminé.

Mais il ne faut pas que la fortune propre d'un conjoint s'enrichisse au préjudice soit de la communauté, soit du conjoint assuré. Aussi une récompense doit-elle être due si les primes dépassaient manifestement les ressources de l'un ou de l'autre.

A propos de l'assurance en cas de décès faite par le mari au profit de sa femme, une difficulté a été parfois soulevée à la suite de la faillite du mari quel que soit le régime matrimonial. On a prétendu que le capital assuré doit faire partie de l'actif de la faillite et revenir, par suite, aux créanciers formant la masse. Des décisions judiciaires ont admis cette solution en appliquant les articles 559 et 564 du Code de commerce. D'après le premier de ces articles, la présomption est que les biens acquis par la femme du failli appartiennent à son mari, ont été payés de ses deniers et doivent être réunis à la masse de son actif, sauf à la femme à fournir la preuve du contraire. D'après le second de ces articles, en cas de faillite du mari, aucun des deux époux ne peut se prévaloir des libéralités que lui a faites son conjoint. Mais l'application de ces dispositions au bénéfice de l'assurance faite au profit de la femme du failli est depuis longtemps abandonnée. L'article 559 ne s'applique pas, parce qu'il s'agit d'un contrat conclu non par la femme, mais par le mari stipulant au profit de sa femme. Quant à l'article 564, il se trouve exclu par cela même que la femme ne tient pas son droit de son mari et n'a pas reçu de lui une donation portant sur le capital assuré. Il y a là une conséquence logique des effets attribués à la stipulation faite au profit d'un bénéficiaire déterminé.

ART. 64.

Quand les époux contractent des assurances réciproques en cas de décès, les deux contrats et les deux stipulations au profit de chacun des conjoints sont souvent constatés par une seule et même police. Il a été parfois prétendu que ces contrats sont nuls par application de l'article 1097 du Code civil qui défend aux époux de se faire des donations réciproques par un seul acte. L'article 1097 pose une règle de forme et les règles de forme sont sans application aux libéralités qui sont des accessoires d'un contrat à titre onéreux, comme cela peut se déduire de l'article 1973 du Code civil. En tous les cas, il importe que la difficulté soit tranchée par la loi et, dans un but de simplification, l'article 64 la résout dans le sens de la validité.

ART. 65.

Les droits qui résultent pour l'assuré du contrat d'assurance sur la vie, doivent être considérés comme des droits attachés à la personne de l'assuré. Il s'agit d'un acte de prévoyance et il est naturel de laisser à l'assuré le pouvoir de déterminer en toute liberté ce qu'il veut que ce contrat devienne par la suite.

En conséquence, les créanciers de l'assuré ne peuvent pas exercer ces droits (art. 1166, C. civil). A l'assuré seul il appartient de décider s'il entend maintenir le contrat en continuant à payer les primes jusqu'à sa mort ou pendant le délai convenu ou en réduire le bénéfice en cessant de payer les primes ou le résilier en réclamant le rachat. Cela s'applique spécialement en cas de faillite ou de liquidation judiciaire de l'assuré. Mais il va de soi que la somme touchée par l'assuré à titre de prix de rachat fait partie de son actif, et que, par suite, les créanciers de l'assuré ont sur cette somme les droits ordinaires qui leur appartiennent sur les biens de leur débiteur. En cas de réduction, le sort du capital réduit se détermine par les règles applicables au cas où, l'assurance recevant son plein et entier effet, la somme assurée est intégralement due par l'assureur.

Le maintien du contrat doit toujours être vu avec faveur. Aussi, dès l'instant où l'assuré y consent, toute personne peut le maintenir à son profit, à défaut d'un bénéficiaire déterminé, en continuant à payer les primes. Il faut seulement que les créanciers de l'assuré ne souffrent pas de l'exercice de ce droit. Ils doivent être mis dans la même situation que si le contrat était résilié, c'est-à-dire que la personne qui maintient le con-

4.

trat doit payer la somme qui constitue la valeur de rachat. On conçoit que cette opération soit faite surtout par le conjoint ou par des parents de l'assuré.

ART. 66 et 67.

Les assurés ne peuvent, au moment où ils signent la police, savoir quelle pourra être dans l'avenir leur situation pécuniaire. Aussi beaucoup de personnes hésiteraient à contracter une assurance sur la vie si elles étaient obligées à payer leurs primes pendant tout le temps fixé de façon à pouvoir y être contraintes par l'assureur. Aussi paraît-il avoir toujours été admis que, dans les assurances sur la vie, à la différence de ce qui a lieu dans les autres assurances, l'assureur n'a pas d'action pour exiger le payement des primes. Il peut donc se faire que l'assuré cesse de payer les primes. L'article 66, 1er alinéa, ne fait que consacrer ce principe conforme à un usage constant.

Mais, en cas de cessation du payement des primes, que devient l'assurance? Selon les cas, il y a résiliation pure et simple du contrat ou réduction. Sur ce point encore, le projet (art. 66, 2e et 3e alinéas) ne fait que consacrer des usages bien établis, en édictant quelques règles prohibitives ou impératives destinées à protéger l'assuré. Ces règles elles-mêmes sont fondées sur les pratiques suivies par les meilleures compagnies.

Dans les assurances sur la vie les plus fréquentes, la prime constante est, au début de la durée du contrat, notablement supérieure à ce que devrait être une prime rationnelle croissante. L'assureur constitue pour chaque contrat et capitalise les excédents de primes, c'est ce qu'on appelle *la réserve* ou *la réserve mathématique*. Cette réserve forme, au bout d'un certain nombre d'années, une somme importante. En cas de cessation de payement des primes, quel doit être le sort de cette réserve? Par cela même qu'elle est constituée à l'aide d'excédents de primes pour faire face aux engagements futurs de l'assureur, elle ne saurait sans injustice lui demeurer acquise. Mais l'assureur étant privé par le fait de l'assuré du bénéfice qu'il pouvait légitimement attendre de l'exécution du contrat en vue duquel il a avancé des frais, payé des commissions, a le droit de prétendre à une indemnité.

D'après l'usage consacré par les clauses des polices devenues à peu près de style, les intérêts contraires de l'assureur et de l'assuré sont conciliés au moyen d'une distinction que l'article 66 du projet adopte.

Si l'assuré cesse de payer les primes avant d'avoir acquitté au moins trois primes annuelles, l'assureur conserve la réserve entière à titre d'indemnité de résiliation.

Si, au contraire, trois primes annuelles au moins ont déjà été payées, l'assurance reste, en principe, en vigueur pour partie. Il y a lieu à réduction en ce sens que la somme assurée est réduite et que, par suite, la somme payée par l'assureur à l'époque fixée est moindre que dans le premier cas.

Le projet prend plusieurs mesures pour éviter les abus :

Il importe que l'assureur ne puisse pas conserver la réserve entière quand les primes lui ont été payées pendant un délai de trois ans. Le projet exclut à cet égard toute convention contraire (art. 66, 3e alinéa). Le délai de trois ans est un minimum que les polices ne peuvent pas augmenter, mais restreindre.

Il est bon aussi que l'assuré sache quels seront exactement ses droits s'il y a réduction par suite de la cessation de payement des primes. L'article 67, 1er alinéa, exige que les conditions de la réduction soient indiquées dans la police.

S'il faut laisser une certaine liberté dans la fixation de ces conditions, il est indispensable que l'assureur qui rédige par avance la police, ne puisse pas imposer à l'assuré des conditions par trop rigoureuses qui lui font subir une perte considérable. En s'inspirant des usages, le projet (art. 67, quatre derniers alinéas) détermine les conditions de la réduction de la somme assurée; la police peut les rendre meilleures, mais non moins avantageuses pour l'assuré.

Dans l'usage, la réduction, comme cela vient d'être supposé, porte sur la somme assurée. On peut concevoir aussi que la réduction porte sur la durée du contrat. Ainsi, alors qu'il s'agit d'une assurance en cas de décès pour la vie entière, si les primes cessent d'être payées au bout de quelques années, on comprend que l'assurance soit réduite à un certain délai durant lequel il faut que le décès de l'assuré se produise pour que la somme assurée soit due par l'assureur. Les articles 66 et 67 font allusion à cette réduction de la durée de l'assurance et l'article 67 veut que la police indique d'après quelles règles elle pourra s'opérer. Mais les usages en matière de réduction quant à la durée de l'assurance ne sont pas encore assez bien établis pour que la loi puisse, comme pour la réduction de la somme assurée, poser des règles impératives dans un but de légitime protection de l'assuré.

ART 68.

Quand l'assuré cesse de payer les primes au bout d'un certain temps, on comprend qu'il désire non pas que la somme assurée réduite reste payable à l'époque convenue, mais que l'assureur lui fasse immédiatement un versement en espèces. On dit alors qu'il y a *rachat*, parce que l'assureur acquiert ainsi sa libération et on donne à la somme payée par lui le nom de *valeur* ou de *prix de rachat*.

D'après le projet, la réduction est, après le payement de trois années de primes, obligatoire, comme cela vient d-être dit à propos des articles 66 et 67. Autrement, l'assureur conservant la réserve, s'enrichirait injustement au préjudice de l'assuré. Le rachat doit-il être aussi obligatoire en ce sens que l'assureur doit être tenu de l'opérer quand l'assuré le réclame? La plupart des polices en usage le considèrent comme facultatif, en laissant au conseil d'administration le soin d'en fixer chaque année les conditions. Quelques polices en petit nombre le déclarent obligatoire et fixent d'avance le prix du rachat d'après le nombre des primes annuelles antérieurement payées et d'après l'âge de l'assuré.

Le projet se conformant encore ici à l'usage le plus généralement suivi, proclame le principe du rachat facultatif, en mettant à part seulement deux cas tout spéciaux prévus par les articles 54 et 69 dans lesquels le rachat est exceptionnellement obligatoire et le prix en est fixé par des textes légaux formels.

Les raisons qui ont fait admettre dans le projet le rachat facultatif alors que la réduction est obligatoire dans les conditions fixées par la loi, paraissent décisives.

Les deux opérations se rapprochent sans doute sous deux rapports. D'abord, elles supposent, l'une et l'autre, la cessation du payement des primes. Puis, elles donnent lieu, l'une et l'autre, au payement, par l'assureur, d'une somme inférieure à la somme assurée. Mais il y a entre ces deux opérations une différence essentielle. Dans la réduction, l'époque de l'exigibilité n'est pas modifiée et les prévisions de l'assureur quant aux dates des payements à faire ne sont pas démenties par les faits. En cas de rachat, au contraire, les sommes à payer sont immédiatement exigibles.

Aussi, dans les cas de crise, de calamités publiques, si le rachat était obligatoire pour l'assureur, de nombreux assurés le réclameraient à la fois. L'assureur ne pourrait acquitter toutes les sommes à payer comme prix de rachat à l'aide de ses disponibilités. Il serait dans la nécessité de réaliser une portion de son actif composée de valeurs mobilières et d'immeubles. La baisse des cours produite par les événements ferait éprouver à l'assureur des pertes considérables dont pourraient souffrir même les autres assurés qui n'ont pas usé du droit de rachat.

Il est donc juste et nécessaire que l'assureur demeure libre de refuser ou d'accorder le rachat et d'en fixer les conditions. Aussi le projet de loi ne fixe-t-il aucun minimum quant au prix du rachat.

Mais la liberté qu'on doit laisser à l'assureur de déterminer le prix du rachat et de le faire varier avec la situation commerciale, financière, politique du pays et avec l'état des affaires sociales pourrait donner lieu à des abus, si la loi ne prenait quelques mesures restrictives. On pourrait craindre que l'assureur ne profitât des embarras pécuniaires de certains assurés pour leur imposer des prix de rachat dérisoires c'est-à-dire hors de proportion avec les primes déjà payées et, par suite, avec la réserve déjà constituée. Il y aurait là une sorte d'usure au sens où l'entendent les économistes, c'est-à-dire une spéculation, de la part de l'assureur, sur les besoins de l'assuré.

Pour éviter ce genre d'abus qui, du reste, il faut le reconnaître, ne paraît pas s'être produit, parce que le conseil d'administration des compagnies qui admettent le rachat facultatif a eu, jusqu'ici, l'habitude de fixer le prix du rachat par avance pour tous les assurés qui pourront le demander, le projet consacre un système très simple.

Le prix du rachat et le nombre des primes qui doivent avoir été payées avant qu'il puisse être réclamé, doit être fixé par les compagnies qui veulent admettre le rachat dans un règlement général. Ce règlement doit être déposé à la Direction de l'assurance et de la prévoyance sociales du Ministère du commerce et de l'industrie, afin que la date de ce règlement et les conditions du rachat y contenues ne puissent être contestées. Des modifications ne peuvent y être apportées que par d'autres règlements généraux soumis au même dépôt. Chaque règlement n'est opposable qu'aux assurés dont les demandes de rachat sont postérieures au dépôt.

L'assurance, quand elle est suffisamment ancienne, fournit à l'assuré momentanément gêné le moyen, sans résilier le contrat, de se procurer la somme dont il peut avoir besoin auprès de son assureur lui-même. Les compagnies d'assurances consentent, en effet, généralement à prêter à leurs assurés. D'ordinaire, elles ne prêtent pas une somme supérieure à la valeur de rachat. La police est alors remise à la compagnie d'assurances, qui est un véritable créancier gagiste, avec cette particularité qu'elle a en gage une créance sur elle-même, comme la société de crédit qui fait des avances sur ses propres obligations.

Il va de soi que les avances de l'assureur à l'assuré doivent avoir le même caractère facultatif que le rachat (art. 68, 1er alinéa). Les abus à craindre pour le rachat sont à redouter aussi pour les avances. C'est ce qui fait que l'article 68, 2e alinéa, exige, lorsqu'une compagnie entend faire des avances aux assurés qui en demandent, que les sommes qui pourront être avancées, le taux de l'intérêt, le nombre des primes à payer avant qu'elles puissent être obtenues, soient déterminés par un règlement général.

ART. 69.

L'assurance en cas de décès ne peut, comme il a été dit plus haut, à propos de l'article 54, produire ses effets quand l'assuré se donne volontairement la mort. Le projet admet, par *a fortiori*, que le contrat d'assurance est résilié lorsque le bénéficiaire a occasionné la mort de l'assuré. Cela s'applique qu'il y ait assassinat, meurtre ou mort causée sans intention de la donner. Le seul cas où il n'en doit pas être ainsi est celui où il y a eu simplement homicide par imprudence.

Mais, quand les primes ont été payées pendant trois années, l'assureur ne peut conserver pour lui les réserves. Il doit en payer le montant aux héritiers ou ayants cause de l'assuré. C'est là l'un des cas exceptionnels où le rachat est obligatoire et où la loi fixe elle même d'une façon impérative le prix du rachat.

Il est possible que le bénéficiaire d'une assurance ait commis une tentative de meurtre contre l'assuré. Celui-ci demeure libre, par application des principes généraux, de désigner un autre bénéficiaire. Mais cette faculté n'appartient plus à l'assuré lorsque le bénéficiaire a accepté le bénéfice de l'assurance. Par cela même que le bénéficiaire n'est pas un donataire à l'égard de l'assuré, il ne peut être question d'une révocation pour ingratitude en vertu de l'article 955 du Code civil. Mais il serait exorbitant et immoral que le bénéfice de l'assurance demeurât acquis à un bénéficiaire qui a attenté à la vie de l'assuré. Aussi l'article 69, 2e alinéa, du projet dispose-t-il qu'en cas de tentative, l'assuré a le droit de révoquer l'attribution du bénéfice de l'assurance même si l'auteur de cette tentative avait déjà accepté.

ART. 70.

Le projet admet que le bénéficiaire, en matière d'assurance en cas de décès, peut être désigné par testament et que, même alors, il est considéré non comme un légataire tenant son droit de l'assuré, mais comme ayant acquis un droit direct et né dans sa personne contre l'assureur (art. 55 et 59). Il pourra arriver que l'assuré ayant désigné un bénéficiaire dans la police ou dans un avenant, lui substitue une autre personne qu'il désigne dans son testament. Le testament n'est pas toujours connu dès le jour du décès du testateur. Aussi peut-on craindre que l'assureur ayant payé la somme assurée au bénéficiaire désigné dans la police ou dans un avenant, un autre bénéficiaire ne se prévale postérieurement d'un testament dans lequel il est désigné. Il y a lieu, dans ces circonstances, de déterminer si l'assureur est libéré. Dès l'instant où il a payé de bonne foi, sa libération doit être admise. Autrement, il n'y aurait plus aucune sécurité pour l'assureur, sauf dans le cas très rare où le bénéficiaire aurait accepté du vivant de l'assuré la stipulation faite à son profit dans la police ou dans un avenant. Le bénéficiaire désigné par testament ne doit avoir de recours que contre celui qui a touché de l'assureur la somme assurée. On peut dire qu'il y a là une application logique de la règle de l'article 1240 C. civ., qui reconnaît la validité du payement fait au possesseur de la créance.

ART. 71.

La police d'assurance peut être perdue. Celui qui allègue qu'il y a eu perte de la police peut désirer en obtenir un duplicata. Il est juste qu'il puisse en exiger un de l'assureur, en affirmant qu'il n'a conféré aucun droit sur l'assurance dont il s'agit. La délivrance d'un duplicata ne pourra nuire en rien à l'assureur. Car l'article 71 décide que le duplicata tient lieu du titre perdu et que l'assureur peut se libérer en payant sur la présentation qui lui en est faite.

Ces dispositions trouvent leur application quand la perte est alléguée du vivant de l'assuré ou d'une façon plus générale avant l'époque de l'exigibilité de la somme assurée. Mais, si cette perte n'est invoquée qu'à cette époque, il importe à la fois que la perte de la police n'empêche pas de réclamer la somme assurée et que l'assureur qui la paye ne soit pas exposé à être actionné par un tiers qui voudrait le contraindre à payer une seconde fois. L'article 71, 2e alinéa, tient compte de cette double considération en obligeant l'assureur à payer quand il est libéré par la prescription envers les personnes qui pourraient survenir; c'est là ce qui a lieu quand un an s'est écoulé après la date de l'exigibilité selon la règle admise par l'article 38 du projet.

ART. 72.

La réticence ou la fausse déclaration constitue une cause de nullité de toutes les assurances (art. 36), spécialement des assurances sur la vie. L'assuré ne peut exiger le maintien du contrat en modifiant ses conditions d'après la réalité des choses. L'assureur peut alléguer que, s'il avait connu l'exacte vérité, il n'aurait pas contracté. Il y a là une sanction rigoureuse de l'obligation, pour l'assuré, de déclarer exactement à l'assureur toutes les circonstances qui doivent le mettre à même d'apprécier les risques.

En matière d'assurance sur la vie, les déclarations inexactes relatives à l'âge de l'assuré sont parmi les plus fréquentes. Tantôt l'âge déclaré est inférieur à l'âge réel et, par suite, la prime stipulée est inférieure à celle qui aurait dû être payée à raison de l'âge réel de l'assuré. Tantôt, au contraire, l'âge déclaré dépassant l'âge réel de l'assuré, la prime a été supérieure à celle qui aurait dû être stipulée.

Il est évident que, par application du principe de la nullité pour fausse déclaration, la nullité peut être obtenue si l'âge réel de l'assuré est en dehors des limites fixées par les tarifs de l'assureur pour la conclusion des contrats. Mais, dès que l'assuré avait un âge auquel l'assureur consent à assurer, la nullité serait d'une excessive rigueur.

Pour que les intérêts légitimes de l'assureur et de l'assuré soient saufs, il suffit d'admettre que les choses devront être rétablies comme si l'âge réel de l'assuré avait été déclaré à l'assureur. C'est là ce que décide l'article 72, 2e alinéa. Dans le cas où la prime stipulée a été inférieure à celle qui aurait dû l'être, la somme assurée est réduite en tenant compte de l'infériorité de la prime. Dans le cas où, à l'inverse, la prime stipulée a dépassé la prime qui aurait dû l'être, l'assureur est tenu de restituer la portion de la prime qu'il a reçue en trop.

ART. 73.

Les faillites et les liquidations judiciaires des compagnies d'assurances sur la vie ont été rares dans le passé et l'on doit espérer et croire qu'elles le seront encore plus dans l'avenir, quand le projet de loi déposé à la Chambre des députés le 6 décembre 1902 étant transformé en loi, la surveillance exercée sur les compagnies d'assurances sur la vie sera mieux organisée qu'elle ne l'est actuellement. Mais il sera toujours impossible d'éviter absolument des irrégularités par suite desquelles des compagnies d'assurances sur la vie étant hors d'état d'acquitter leurs engagements, seraient déclarées en faillite ou en liquidation judiciaire. L'article 34 du projet vise ce cas pour toutes les espèces d'assurance et, reproduisant du reste la disposition de l'article 346 du Code de commerce relative à l'assurance maritime, donne à l'assuré le droit de résilier le contrat si l'assureur ne lui fournit pas une caution solvable.

Il va de soi que, si une caution solvable est fournie, l'assurance sur la vie suivant son cours naturel, l'assuré n'a rien à réclamer. Mais si, au contraire, l'assurance est résiliée, il y a à déterminer pour quelle somme l'assuré pourra se faire colloquer dans la faillite ou dans la liquidatiou judiciaire. C'est ce que fait l'article 73. Il reconnaît que, pour chaque contrat, la collocation doit être égale à la réserve calculée sur les taux techniques du tarif des primes en vigueur au jour où il a été conclu.

TITRE IV.

DES ASSURANCES CONTRE LES ACCIDENTS.

Dans un sens très large, si l'on excepte quelques assurances comme les assurances en cas de vie, on peut dire que presque toutes les assurances sont des assurances contre les accidents. Mais, d'après un usage constant, l'expression d'assurances contre les accidents est réservée aux assurances contre les accidents de personnes, qu'il s'agisse d'accidents occasionnant la mort de l'assuré ou lui causant des blessures plus ou moins graves et entraînant, par suite, des incapacités de travail perpétuelles ou temporaires, partielles ou absolues. C'est en ce sens usuel que l'expression *assurances contre les accidents* est prise dans le projet.

Le projet consacre un titre aux assurances contre les accidents. Ces assurances deviennent de plus en plus fréquentes en même temps que la variété en augmente. Une liste des principales polices en usage en France donnera une idée de cette grande variété :

Police d'assurance contre les accidents corporels de toute nature;

Police d'assurance contre les risques de voyage et d'accidents sur terre et sur mer;

Police d'assurance contre les périls de la navigation;

Police d'assurance contre les accidents de chasse;

Police d'assurance des sapeurs-pompiers;

Police d'assurance contre les accidents de vélocipèdes;

Police d'assurance des gardes-chasses contre les accidents;

Police d'assurance des cochers, palefreniers et gens de maison;

Police d'assurance contre les accidents militaires;

Polices d'assurances individuelles ou collectives contre les accidents du travail concernant les ouvriers et employés des professions soumises à la loi du 9 avril 1898;

Polices d'assurance contre les accidents du travail concernant les ouvriers et les employés des professions non assujetties à la loi du 9 avril 1898, etc., etc.

Il est évident qu'il y a une assez grande analogie entre les assurances contre les accidents et l'assurance sur la vie en cas de décès, surtout lorsque l'assurance contre les accidents s'applique aux risques de mort. Il y a seulement une différence de fait essentielle. L'assurance en cas de décès trouve, en principe, son application dans tous les cas de mort de l'assuré, quelle qu'en soit la cause, tandis que l'assurance contre les accidents, comme son nom l'indique, s'applique seulement dans les cas où la mort de l'assuré est causée par un accident quelconque ou par un accident d'une certaine nature. A cette différence de fait en correspondent d'autres. Les assurances contre les accidents ne sont pas fondées sur des calculs relatifs à la durée plus ou moins longue de la vie humaine. Puis, tandis que, dans l'assurance en cas de décès pour la vie entière, la somme assurée doit nécessairement être payée à une époque que seulement on ne peut connaître par avance, l'indemnité, dans les assurances contre les accidents, n'est due que sous une condition qui peut ne pas se réaliser, d'un accident du genre de ceux que l'assurance couvre. Mais il n'en est pas moins vrai que, dans les assurances de ces deux espèces, l'assureur doit payer un capital ou une rente dont le montant est fixé par la police, que la mort rend exigible et qui est destiné à réparer, à forfait, le préjudice causé par la mort de l'assuré à certaines personnes qui sont les bénéficiaires de l'assurance.

Sauf la gravité des conséquences de l'accident, l'assurance qui s'applique en cas de blessures accidentelles entraînant une incapacité de travail, se rapproche de l'assurance contre les accidents mortels et, par suite, de l'assurance en cas de décès. Il s'agit toujours d'assurances de personnes et d'assurances qui, d'après le projet même (art. 10, 2e alinéa), sont soustraites à la règle selon laquelle l'assurance en général n'est qu'un contrat d'indemnité.

A raison même des grandes analogies qui existent entre les assurances contre les accidents et les assurances en cas de décès, il semble que les dispositions légales qui régissent les secondes doivent s'appliquer, en principe, aux premières. C'est la règle générale que pose l'article 74, 2e alinéa, du projet. Mais cette règle n'est pas absolue et les dérogations qui y sont apportées sont indiquées dans les articles 75 à 77.

ART. 74.

Le premier alinéa de cet article définit en termes généraux l'assurance contre les accidents. Il résulte de cette définition déduite des usages que les assurances contre les accidents sont contractées tantôt au profit de l'assuré lui-même, qui est souscripteur de la police, tantôt par un souscripteur au profit d'un assuré qui n'intervient pas au contrat ou des héritiers ou ayants cause de l'assuré ou d'un bénéficiaire déterminé. Dans ce dernier cas l'assurance n'est pas toujours individuelle, elle est souvent collective, c'est-à-dire qu'au lieu de s'appliquer à un assuré déterminé, elle s'applique à toute une catégorie de personnes ayant une certaine qualité ou exerçant une certaine profession, par exemple à tous les ouvriers ou employés et apprentis du souscripteur.

Les assurances individuelles ou collectives contre les accidents sont, pour les raisons déjà indiquées, régies, en principe, par les mêmes règles que les assurances en cas de décès. Ainsi, les assurances contre les accidents sont soumises, comme toutes les autres, 1° aux règles générales des assurances (art. 1 à 46); 2° aux règles spéciales des assurances en cas de décès, en tant que celles-ci dérogent aux premières ou résolvent des questions spéciales non résolues par les dispositions générales du projet.

Voici quelques conséquences de cette assimilation entre les assurances contre les accidents et les assurances en cas de décès :

a. Le droit aux sommes assurées, en cas de désignation d'un bénéficiaire déterminé, ne fait pas partie de la succession de l'assuré mort victime d'un accident, mais naît directement dans la personne du bénéficiaire. Toutes les conséquences se rattachant à ce principe en matière d'assurances en cas de décès sont admises dans les assurances contre les accidents (art. 59 à 61).

b. Le bénéficiaire peut, tant qu'il n'a pas accepté le bénéfice de l'assurance, être changé par le souscripteur de la police.

c. L'assurance contre les accidents ne peut s'appliquer quand l'accident est causé intentionnellement par l'assuré victime de l'accident (art. 53 et 54).

d. Un tiers ne peut contracter à son profit une assurance contre les accidents sur la tête d'une autre personne sans le consentement de celle-ci (art. 48).

e. Quand l'assurance contre les accidents conclue par un tiers à son profit concerne des assurés incapables, elle est soumise aux mêmes prohibitions ou conditions que les assurances en cas de décès (art. 49 et 50).

f. Une police d'assurance contre les accidents peut être donnée en gage dans les formes indiquées par l'article 57 du projet pour les polices d'assurance sur la vie.

Mais, comme cela a été dit plus haut, l'assimilation ne saurait être complète et quelques dispositions du projet édictées pour les assurances en cas de décès doivent être écartées pour les assurances contre les accidents. Les articles 75 à 77 indiquent les exceptions au principe.

ART. 75 À 77.

Dans les assurances sur la vie, le payement de la prime est facultatif pour l'assuré. Jamais cette règle exceptionnelle n'a été admise dans les assurances contre les accidents. L'article 75 l'écarte.

Cette différence se justifie facilement. Dans les assurances sur la vie, les primes sont souvent importantes et absorbent une partie assez notable des revenus de l'assuré. De plus, elles sont souvent payables pendant toute la vie de l'assuré ou, tout au moins, pendant un grand nombre d'années. Pendant ce laps de temps, la situation de fortune du débiteur de la prime peut subir de notables changements. Les souscripteurs de polices d'assurances sur la vie reculeraient devant la lourde charge que leur imposerait une prime obligatoire et ce contrat de prévoyance si utile et si digne d'encouragement serait délaissé. Il en est autrement dans les assurances contre les accidents. Comme le risque peut ne jamais se réaliser, les primes sont peu importantes eu égard au capital ou à la rente assurés. De plus, les polices d'assurances contre les accidents ne sont guère souscrites pour un laps de temps dépassant dix ans.

La réduction obligatoire et le rachat facultatif sont en matière d'assusances sur la vie, des opérations qui existent dans ceux de ces contrats pour lesquels il y a constitution d'une réserve formée de l'excédent des primes constantes stipulées sur le montant des primes calculées d'après les risques variables pour l'assureur. Il n'y a pas de réserve de cette nature dans les assurances contre les accidents. Aussi ne peut-il y être question de réduction ni de rachat; l'article 76 le décide expressément.

Dans les polices d'assurances sur la vie, l'assuré doit être individualisé par son nom, son domicile, etc... (article 51). Ces indications sont, en principe, exigées aussi dans les polices d'assurances contre les accidents, par application de la règle générale posée par l'article 74, 2e alinéa. Mais elles ne sauraient l'être, sans grave inconvénient, dans les assurances contre les accidents contractées par des souscripteurs autres que les assurés. Ces assurances sont d'ordinaire conclues par un patron pour ses ouvriers, employés, apprentis, domestiques qui sont les assurés. Ceux-ci changent parfois assez souvent et parfois il sont nombreux. Il serait compliqué et gênant de modifier les noms des assurés à chaque changement. Il doit suffire alors, d'après l'article 77, que les assurés soient désignés par l'indication de leur profession ou de leur fonction, que l'assurance soit faite pour un certain nombre d'assurés ou pour un seul.

Une assurance collective comprend souvent parmi les assurés des apprentis au nombre desquels sont des mineurs n'ayant pas atteint encore l'âge de 15 ans. Il est interdit par le projet (article 49) à des tiers de contracter une assurance en cas de décès et, par suite, une assurance contre les accidents sur la tête d'un mineur n'ayant pas atteint sa quinzième année. Cette prohibition n'a pas, d'après l'article 77, son application quand il s'agit d'assurances collectives; elle ne peut alors se justifier.

ART. 78.

Un certain nombre de dispositions de lois spéciales en vigueur concernent les assurances contre les accidents ou en cas de décès. Il y a notamment quelques dispositions dans la loi du 9 avril 1898 sur la responsabilité des patrons à raison des accidents dont leurs ouvriers sont victimes et dans les décrets rendus en exécution de cette loi. Il y en a aussi dans les lois et décrets concernant les caisses nationales d'assurances en cas de décès et en cas d'accidents. Ces dispositions fondées sur des motifs particuliers doivent continuer à s'appliquer et le projet ne doit en rien y déroger : *generalia specialibus non derogant*. Telle est la portée de l'article 78.

Ainsi, les règles spéciales du décret du 28 février 1899 sur les réserves mathématiques ne sont pas modifiées. Cela va de soi du reste. Car le projet ne s'occupe que des assurances contre les accidents conclues par des personnes qui peuvent en être victimes ou par des tiers dans l'intérêt des assurés, non des assurances de responsabilité en matière d'accidents, les seules que visent la loi du 9 avril 1898 et le décret du 28 février 1899. Il n'est non plus apporté aucune modification aux dispositions de la loi du 11 juillet 1868 portant création des caisses nationales d'assurances en cas de décès et en cas d'accidents résultant de travaux agricoles et industriels; ainsi, l'article 3 de cette loi qui annule toute assurance en cas de décès faite moins de deux ans avant le décès, demeure en vigueur; il en est de même de l'article 6 qui indique les conséquences du défaut de payement de la prime, des dispositions (art. 5 et 14) qui indiquent les âges à partir desquels une personne peut se faire assurer, etc...

TITRE V.

DISPOSITIONS TRANSITOIRES.

La loi nouvelle régira évidemment tous les contrats d'assurances conclus après sa promulgation. Mais, comme les assurances sont toujours conclues pour un certain laps de temps, de nombreuses assurances contractées avant la promulgation de la loi dureront encore postérieurement. De là résulteront de nombreuses questions transitoires, c'est-à-dire qu'il y aura lieu de déterminer quelle sont celles des dispositions de la loi nouvelle qui s'appliqueront ou qui ne s'appliqueront pas aux assurances conclues sous l'empire de la loi ancienne et continuant sous l'empire de la loi nouvelle. Le projet aurait pu, pour la solution de ces questions, s'en référer purement et simplement au principe général de l'article 2 du Code civil, selon lequel les lois ne disposent que pour l'avenir et n'ont pas d'effet rétroactif. Mais on sait que l'application de ce principe donne lieu à des difficultés graves et nombreuses. Pour éviter autant que possible ces difficultés qui sont des causes d'incertitude, de procès et, par suite, de frais, le projet, dans ses quatre derniers articles, prévoit les questions transitoires principales que la loi nouvelle pourra faire naître et y donne des solutions fondées sur les doctrines les plus généralement admises en matière de questions transitoires.

ART. 79 ET 80.

Ces deux articles posent deux règles générales.

Parmi les dispositions du projet, les unes sont de nature interprétative, c'est-à-dire que les parties peuvent les écarter par l'expression d'une volonté contraire, tandis que les autres sont impératives ou prohibitives, et, par suite, s'appliquent nonobstant toute convention contraire.

Les dispositions interprétatives s'appliqueront aux contrats en cours lors de la promulgation de la loi. Il n'y aura là aucune atteinte à des droits acquis que le principe de la non-rétroactivité des lois a pour but de protéger. Car il va de soi que l'application de ces dispositions supposera pour les polices antérieures, comme pour les polices postérieures, qu'il n'y a pas de clause en écartant l'application. Ainsi, il y a lieu d'admettre que la règle proportionnelle consacrée pour le cas d'assurance partielle, par l'article 12 du projet, que l'article 26 en vertu duquel l'assureur est subrogé légalement aux droits de l'assuré contre des tiers, mais non contre certaines personnes habitant habituellement avec l'assuré, etc., s'appliqueront sauf clause contraire, même quand le contrat sera antérieur à la loi nouvelle.

Au contraire, les dispositions impératives ou prohibitives ne sauraient s'appliquer aux contrats antérieurs. L'application de ces dispositions à ces contrats porterait atteinte aux droits des contractants qui ont cru faire des stipulations valables par cela même que la loi sous l'empire de laquelle ils ont contracté ne les prohibait pas (art. 80). Mais il est quelques dispositions impératives ou prohibitives qui, par exception, doivent être appliquées même aux contrats antérieurs à la promulgation de la loi nouvelle, parce que par là aucun droit acquis ne sera violé ou que les clauses interdites par ces prohibitions ont des inconvénients ou offrent des dangers tels que le législateur a le devoir de ne pas les laisser subsister pour l'avenir. Ainsi, nonobstant toute clause contraire, les contrats conclus antérieurement et expirant après la mise en vigueur de la loi nouvelle, ne pourront être prolongés par tacite reconduction pour plus d'une année en vertu de l'article 15; la disposition de l'article 49 qui prohibe les assurances en cas de décès contractées sur la tête d'un tiers mineur âgé de moins de 15 ans, d'un interdit ou d'un individu interné dans une maison d'aliénés et déclare ces assurances nulles, s'appliquera à des assurances même conclues avant la mise en vigueur de la loi nouvelle, etc.... Toutefois, comme aucun fait ne peut être puni en vertu d'une loi pénale postérieure à la date où il est intervenu, la peine que l'article 49 édicte contre le souscripteur et l'assureur qui ont contracté une assurance sur la tête d'un de ces incapables, ne s'appliquera pas si l'assurance a été conclue avant la promulgation de la loi nouvelle.

ART. 81

C'est une question transitoire spéciale que résout l'article 81. Elle est relative à la prescription.

Quelle loi déterminera la durée de la prescription des actions nées de contrats d'assurance antérieurs à la loi nouvelle et qui auront commencé à se prescrire ? Ce sera la loi nouvelle. Tant que la prescription n'est pas accomplie, aucun droit n'est acquis au débiteur au profit de qui elle court. En conséquence, on ne viole nullement le principe de la non-rétroactivité des lois en décidant que la prescription admise par la loi nouvelle (art. 38) pour les actions nées du contrat s'applique même aux assurances antérieures, et cette application est désirable pour que la loi nouvelle régisse immédiatement le plus grand nombre de contrats possible. Mais, afin qu'il n'y ait pas de surprise, les délais de la loi nouvelle, en tant qu'ils sont de moindre durée que les délais anciens, ne courront, pour les prescriptions déjà commencées avant la loi nouvelle, que du jour de la promulgation de celle-ci.

ART. 82.

Le principe de non-rétroactivité des lois ne saurait être invoqué à l'égard de contrats antérieurs à la loi nouvelle qui sont prolongés après sa mise en vigueur en vertu d'une clause de tacite reconduction; cette clause ne fait acquérir aucun droit à l'assureur, puisque le plus souvent il dépend de la volonté de l'assuré qu'elle ne reçoive pas son application. Aussi, comme il importe d'assurer l'application la plus complète et la plus rapide possible des dispositions de la loi nouvelle, celles-ci régiront tous les contrats prolongés par tacite reconduction depuis son entrée en vigueur (art. 82, 1er alinéa).

Mais cela ne doit être vrai que dans le cas où, au moment de la promulgation de la loi nouvelle, on est encore dans le délai où la dénonciation de l'assurance était possible; quand ce délai est expiré, il y a un droit acquis pour les contractants à ce que la tacite reconduction ait lieu. Dès lors, les dispositions des articles 79 et 80 sont applicables.

Les règles de compétence en matière d'assurance ont été quelque peu modifiées par la loi du 2 janvier 1902, qui a réservé l'application des clauses des polices en cours. Il n'y a aucune raison pour que ces clauses continuent à s'appliquer quand, depuis la mise en vigueur de cette loi, la police antérieure est renouvelée ou prolongée par tacite reconduction. Les règles de compétence à appliquer seront alors celles de la loi du 2 janvier 1902 (art. 82, 2e alinéa).

Le projet que la Commission a rédigé, n'épuise certes pas toutes les questions qui se rattachent soit aux assurances en général, soit aux assurances contre l'incendie, sur la vie et contre les accidents. Outre qu'il est de ces questions qu'on ne peut prévoir, il en est d'autres sur lesquelles il est bon de laisser au juge le soin de se prononcer d'après les principes généraux;

enfin, il en est qui se posent à propos des assurances, mais sont, en réalité, des difficultés d'ordre général.

Du nombre de ces dernières est une question signalée à la Commission et qui se présente parfois à propos des assurances sur la vie. Quand une rente viagère est stipulée par l'assuré au profit du bénéficiaire, la police contient parfois une clause d'après laquelle cette rente sera *incessible*. Cette clause d'incessibilité est-elle valable? Le Code de procédure civile (art. 582) admet bien les clauses d'insaisissabilité, mais ni ce code ni aucune de nos lois ne se prononce sur les clauses d'inaliénabilité ou d'incessibilité. La validité de ces clauses est douteuse et elles font naître de fréquents procès. La question posée à propos des rentes viagères constituées au profit du bénéficiaire d'un contrat d'assurance sur la vie est donc une face spéciale d'une question très générale : les clauses d'inaliénabilité ou d'incessibilité sont-elles licites? Il pourra être utile qu'un jour l'on songe à résoudre par une loi cette importante question. Mais il n'y a pas lieu de la trancher seulement à propos des rentes viagères créées en vertu des contrats d'assurance sur la vie.

Tel est, Monsieur le Ministre, le projet de loi que nous avons l'honneur de vous soumettre en exécution de la mission que vous nous avez confiée. Nous espérons que vous voudrez bien, après l'avoir examiné, le revêtir de votre haute approbation. Le jour où ce projet sera transformé en loi avec le projet relatif à la surveillance et au contrôle des sociétés d'assurances sur la vie, la France sera dotée d'une législation complète sur les assurances dont elle a manqué jusqu'ici.

Veuillez agréer, Monsieur le Ministre, l'assurance de ma haute considération et de mon respectueux dévouement.

Le Rapporteur général,

Ch. Lyon-Caen.

PROJET DE LOI

RELATIF AU CONTRAT D'ASSURANCE.

TITRE PREMIER.

DES ASSURANCES EN GÉNÉRAL.

SECTION I.

Dispositions générales.

Art. 1er. L'assurance est un contrat par lequel l'assureur s'oblige, moyennant une rémunération appelée prime ou cotisation, à indemniser l'assuré des pertes ou dommages que peut éprouver celui-ci par suite de la réalisation de certains risques relatifs à ses biens ou à sa personne.

Art. 2. La présente loi régit les assurances à primes.

Elle s'applique aussi aux assurances mutuelles, sauf dans celles de ses dispositions qui sont contraires aux lois ou aux décrets qui régissent ces assurances.

Sous cette réserve, les articles de la présente loi qui visent les primes, s'appliquent aux contributions à payer par les sociétaires en matière d'assurances mutuelles, qu'elles soient désignées sous le nom de cotisations ou de primes.

Art. 3. Les dispositions de la présente loi ne s'appliquent point aux assurances maritimes; elles demeurent exclusivement régies par le Code de commerce et par les lois qui leur sont propres.

Art. 4. La loi répute acte de commerce, pour l'assureur, toute entreprise d'assurances à primes; pour l'assuré, toute assurance à prime ou mutuelle conclue par un commerçant et se rattachant aux risques de sa profession.

Art. 5. Le profit espéré ne peut être assuré que dans les assurances contre les risques de transports par terre et par eau et dans les assurances de récoltes contre la grêle et contre les autres fléaux naturels.

L'assureur peut obtenir une réduction de la somme assurée quand il établit que le profit espéré a été évalué à un chiffre d'une exagération notable eu égard aux prévisions normales qui pouvaient être faites à la date de la conclusion du contrat.

Art. 6. L'assuré peut faire assurer le coût de l'assurance.

Art. 7. L'assureur peut se faire réassurer contre les risques qu'il a assurés. Les règles de l'assurance régissent la réassurance.

La réassurance peut s'appliquer soit à un contrat d'assurance déterminé, soit à un certain nombre ou à la totatité des contrats d'assurance conclus par l'assureur.

La prime de réassurance peut être différente de celle de l'assurance.

Le réassureur est mis au lieu et place du réassuré, mais seulement dans ses rapports avec celui-ci.

Le réassuré peut, sans consulter le réassureur, régler tous sinistres, traiter et transiger avec l'assuré. Le réassureur est tenu d'indemniser le réassuré dans la proportion de son engagement, sans pouvoir critiquer ses actes, sauf en cas de fraude.

Art. 8. L'assurance ne peut être qu'un contrat d'indemnité; elle ne doit pas placer l'assuré en cas de sinistre dans une situation pécuniaire meilleure que si aucun risque ne s'était réalisé.

Art. 9. Un contrat d'assurance consenti pour une somme supérieure à la valeur de la chose assurée, est nul à l'égard seulement de la partie convaincue de dol ou de fraude.

S'il n'y a ni dol ni fraude, le contrat est valable jusqu'à concurrence du dommage éprouvé.

Dans le cas de dol ou de fraude des dommages-intérêts peuvent être alloués à la partie au profit de laquelle la nullité est prononcée.

S'il n'y a ni dol ni fraude, l'assureur n'a pas droit aux primes pour l'excédent, sauf en ce qui concerne les primes échues et la prime de l'année courante. Il peut, en outre, obtenir une indemnité qui ne doit pas dépasser le montant d'une prime annuelle.

Art. 10. Par dérogation à l'article 8, en matière d'assurance sur la vie (assurance en cas de décès et assurance en cas de vie), les sommes assurées sont définitivement fixées par la police, sauf ce qui est dit à l'article 48 relativement à l'assurance contractée sur la tête d'un tiers.

La fixation des sommes assurées faite dans la police, ne peut non plus être contestée en matière d'assurances contre les accidents.

Art. 11. Une même personne ne peut contracter plusieurs assurances sur une même chose, contre les mêmes risques, pour une somme excédant la valeur de la chose assurée.

Quand plusieurs assurances sont contractées sans fraude soit à la même date, soit à des dates différentes, pour une somme totale supérieure à la valeur de la chose assurée, elles sont toutes valables et chacune d'elles produit ses effets en proportion de la somme à laquelle elle s'applique, jusqu'à concurrence de l'entière valeur de la chose assurée.

Cette disposition peut être écartée par une clause de la police adoptant la règle de l'ordre des dates ou stipulant la solidarité entre les assureurs.

Le présent article ne s'applique ni aux assurances sur la vie, ni aux assurances contre les accidents.

Art. 12. Si l'assurance ne couvre qu'une partie de la valeur de la chose assurée, l'assuré est considéré comme restant son propre assureur pour l'excédent et supporte, en conséquence, une part proportionnelle du dommage, à moins qu'il ne soit expressément stipulé que, dans les limites de la somme assurée, l'assuré obtiendra une indemnité complète, dès l'instant où le dommage ne dépassera pas cette somme.

Art. 13. Toute personne ayant intérêt à la conservation d'une chose peut la faire assurer.

Il en est ainsi spécialement du propriétaire, de l'usufruitier, du créancier hypothécaire, privilégié ou antichrésiste et de toute personne exposée à être déclarée responsable de la perte ou de la détérioration de la chose qu'elle détient.

Art. 14. L'assurance peut être contractée, en vertu d'un mandat général ou spécial, ou même sans mandat, pour le compte d'une personne déterminée. Dans ce dernier cas l'assurance profite à la personne pour le compte de laquelle elle a été conclue alors même que la ratification n'aurait lieu qu'après le sinistre.

L'assurance peut aussi être contractée pour le compte de qui il appartiendra.

Dans ce cas, le souscripteur est seul tenu du payement de la prime envers l'assureur.

Les exceptions se rattachant à l'assurance souscrite pour le compte de qui il appartiendra, qui seraient opposables au souscripteur, peuvent être opposées par l'assureur au bénéficiaire de la police quel qu'il puisse être.

15. La durée du contrat d'assurance est fixée par la police.

Il peut être stipulé qu'à défaut de déclaration de l'assuré avant l'expiration de la police actuelle, le contrat sera prolongé de plein droit. Cette prolongation ne peut être stipulée pour un délai excédant une année après l'expiration du contrat en cours. Si elle a été stipulée pour une durée plus longue, elle est réduite à cette durée.

SECTION II.

De la preuve du contrat d'assurance. Des formes et de la transmission des polices.

Art. 16. Le contrat d'assurance est rédigé par écrit. Il peut être passé devant notaire ou fait sous seing privé.

L'acte sous seing privé doit être dressé en autant d'originaux qu'il y a de parties ayant un intérêt distinct et chaque original doit contenir la mention du nombre total des originaux qui ont été faits, conformément à l'article 1325 du Code civil.

Toute addition ou modification au contrat d'assurance primitif doit être constatée par un avenant, par la correspondance ou par tout autre écrit.

Art. 17. Le contrat d'assurance est daté du jour où il est souscrit.

Il indique :

Les noms et domiciles de l'assuré et de l'assureur;

La chose assurée;

La nature des risques garantis;

Le moment auquel les risques doivent commencer et finir;

La somme assurée;

La prime ou coût de l'assurance;

La soumission des parties à des arbitres, en cas de contestation, si elle a été convenue.

Art. 18. La police d'assurance peut être à personne dénommée, à ordre ou au porteur.

Les polices à ordre se transmettent par voie d'endossement, même en blanc.

ART. 19. L'assureur peut opposer au porteur de la police, même à ordre ou au porteur, les exceptions se rattachant à cette police qui auraient été opposables à l'assuré originaire si la transmission de la police n'avait pas eu lieu.

SECTION III.

Des obligations de l'assureur et de l'assuré. Des nullités et des résiliations.

ART. 20. Les pertes et dommages occasionnés par des cas fortuits ou causés par la faute de l'assuré, sont à la charge de l'assureur.

Toutefois, l'assureur ne répond pas, nonobstant toute convention contraire, des pertes et dommages provenant d'une faute intentionnelle ou d'une faute lourde de l'assuré.

ART. 21. L'assureur est garant des pertes et dommages causés même par des personnes dont l'assuré est civilement responsable en vertu de l'article 1384 du Code civil, quelles que soient la nature et la gravité des fautes de ces personnes.

ART. 22. Les déchets, diminutions et pertes qui arrivent par le vice propre de la chose, ne sont pas à la charge de l'assureur.

ART. 23. L'assureur ne répond pas des pertes et dommages occasionnés soit par la guerre étrangère, soit par la guerre civile, soit par des émeutes ou par des mouvements populaires.

La preuve que les pertes et dommages proviennent d'une de ces causes incombe à l'assureur. Toute clause obligeant l'assuré à prouver que les pertes et dommages ne proviennent pas d'une de ces causes, est nulle.

ART. 24. L'assureur ne peut être tenu au delà de la somme assurée.

Mais, dans les limites de cette somme, l'assureur est obligé de rembourser à l'assuré les dépenses faites pour atténuer le dommage en cas de réalisation des risques. Cette obligation existe pour l'assureur indépendamment du résultat obtenu. Les tribunaux peuvent l'écarter ou la réduire s'ils jugent que les dépenses ont été faites sans motif suffisant ou sont exagérées.

ART. 25. En cas de perte totale de la chose assurée, l'assurance prend fin de plein droit et l'assuré ne peut réclamer aucune restitution sur la prime de l'année courante.

Art. 26. L'assureur qui a payé l'indemnité d'assurance est subrogé de plein droit dans tous les droits et actions de l'assuré contre les tiers, qui, par leur fait, ont causé le dommage ayant donné lieu à la responsabilité de l'assureur.

L'assureur peut être déchargé, en tout ou en partie, de sa responsabilité envers l'assuré quand la subrogation ne peut plus, par le fait de l'assuré, s'opérer en faveur de l'assureur.

Par dérogation aux dispositions précédentes, l'assureur n'a aucun recours contre les enfants, descendants, ascendants, alliés en ligne directe, préposés, employés, ouvriers ou domestiques demeurant habituellement chez l'assuré, sauf le cas de fraude commise par une de ces personnes.

Art. 27. L'assuré ne peut faire aucun délaissement des objets assurés.

Art. 28. L'assuré est obligé :

1° De payer la prime aux époques convenues;

2° De déclarer exactement à l'assureur, lors de la conclusion du contrat, toutes les circonstances qui sont de nature à faire apprécier par celui-ci les risques qu'il prend à sa charge;

3° De déclarer à l'assureur, conformément à l'article 31, les circonstances nouvelles qui ont pour conséquence d'augmenter les risques;

4° De faire tout ce qui est en lui pour éviter la réalisation des risques ou pour en diminuer les conséquences dommageables;

5° De donner avis à l'assureur, dans les trois jours qui suivent celui où il en a eu connaissance, de tout sinistre de nature à entraîner la responsabilité de l'assureur.

Les dispositions des paragraphes 3°, 4° et 5° ci-dessus ne sont pas applicables aux assurances sur la vie.

Art. 29. A l'exception de la première prime, les primes sont payables au domicile de l'assuré.

Que la prime soit quérable ou portable, à défaut de payement à l'échéance de l'une des primes, l'effet de l'assurance est suspendu dix jours après la mise en demeure de l'assuré. Cette mise en demeure résulte de l'envoi d'une lettre recommandée adressée à l'assuré ou à la personne chargée du payement des primes, à leur dernier domicile connu de l'assureur. Cette lettre doit indiquer expressément qu'elle est envoyée à titre de mise en demeure, rappeler la date de l'échéance de la prime et reproduire le texte du présent article.

L'assureur a le droit, vingt jours à partir de l'expiration du délai fixé par l'alinéa précédent, de résilier la police ou d'en poursuivre l'exécution en justice. La résiliation peut se faire par une déclaration de l'assureur contenue dans une lettre recommandée adressée à l'assuré.

L'assurance non résiliée reprend pour l'avenir ses effets à midi le lendemain du jour où la prime arriérée et, s'il y a lieu, les frais ont été payés à l'assureur.

Les délais fixés par le présent article ne comprennent pas le jour de l'envoi de la lettre recommandée. Quand le dernier jour d'un de ces délais est un jour férié, le délai est prolongé jusqu'au lendemain.

Ces délais ne sont pas augmentés à raison des distances ; toutefois, lorsque la mise en demeure doit être adressée dans un lieu situé hors du territoire continental de la France, le délai de dix jours fixé par le deuxième alinéa du présent article ne court que du jour de la présentation de la lettre recommandée constatée sur les registres de l'administration des postes.

Toute clause réduisant les délais fixés par les dispositions précédentes ou dispensant l'assureur de la mise en demeure est nulle.

Art. 30. L'assureur a, pour la créance de la prime, un privilège sur la chose assurée.

Ce privilège est, alors même qu'il porte sur un immeuble, dispensé de toute inscription.

Il prend rang immédiatement après le privilège des frais de justice établi par l'article 2101, 1° du Code civil.

Il n'existe que pour une somme correspondant aux primes des deux dernières années.

Art. 31. Quand, par son fait, l'assuré aggrave les risques de telle façon que, si le nouvel état de choses avait existé lors du contrat, l'assureur n'aurait pas contracté ou ne l'aurait fait que moyennant une prime plus élevée, l'assuré doit en faire préalablement la déclaration à l'assureur par lettre recommandée.

Quand les risques sont aggravés sans le fait de l'assuré, celui-ci doit en faire la déclaration dans un délai minimum de huit jours à partir du moment où il a eu connaissance du fait de l'aggravation.

Dans l'un et l'autre cas, l'assureur a le droit de résilier le contrat, à moins que, sur sa proposition, l'assuré consente à une augmentation de prime.

Toutefois, l'assureur ne peut plus se prévaloir de l'aggravation des risques, quand, après en avoir eu connaissance de quelque manière que ce soit, il a manifesté son consentement au maintien de l'assurance, spécialement en continuant à recevoir les primes ou en payant, après un sinistre, une indemnité.

Art. 32. Si, pour la fixation de la prime, il a été tenu compte de circonstances spéciales de nature à aggraver les risques et si ces circonstances viennent à disparaître au cours de l'assurance, l'assuré a le droit, nonobstant toute convention contraire, de résilier le contrat, si l'assureur ne consent pas la diminution de prime correspondante.

Art. 33. En cas de décès de l'assuré ou d'aliénation de la chose assurée, l'assurance profite de plein droit à l'héritier ou à l'acquéreur, à raison des risques pour lesquels la prime a été payée au moment de la mort de l'assuré ou de l'aliénation.

L'assurance prend fin pour l'avenir, à moins que l'assureur n'ait agréé l'héritier ou l'acquéreur comme assuré par une convention expresse ou en continuant à exécuter le contrat, spécialement en recevant, en connaissance de cause, une ou plusieurs primes de cet héritier ou acquéreur.

Est nulle toute clause par laquelle l'assuré s'obligerait à payer à l'assureur à titre de dommages-intérêts une somme excédant le montant de la prime d'une année pour le cas où l'aliénation de la chose assurée ayant lieu ou l'assuré venant à décéder, l'acquéreur ou l'héritier ne consentirait pas à continuer l'assurance.

Dans le cas où l'assurance continue après une aliénation, l'aliénateur ne demeure pas tenu, même comme garant, du payement des primes à échoir.

Lorsqu'il y a plusieurs héritiers ou plusieurs acquéreurs, si l'assurance continue, ils sont tenus solidairement du payement des primes.

Art. 34. En cas de faillite ou de liquidation judiciaire de l'assuré avant l'expiration de l'assurance, l'assureur, après sommation restée infructueuse, faite au domicile de l'assuré, d'avoir à fournir caution solvable dans les huit jours, peut résilier l'assurance. La sommation et la résiliation peuvent avoir lieu par lettre recommandée.

En cas de faillite ou de liquidation judiciaire de l'assureur avant la fin des risques, l'assuré a les mêmes droits.

Art. 35. L'assurance est nulle, si, au moment du contrat, la chose assurée a déjà péri ou ne peut plus être exposée aux risques.

Dans ce cas, l'assuré dont la mauvaise foi est prouvée doit à l'assureur une somme double de la prime d'une année. En cas de preuve de la mauvaise foi de l'assureur, celui-ci paye une somme égale à l'assuré.

Art. 36. Indépendamment des causes ordinaires de nullité, le contrat d'assurance est nul, pour réticence ou pour fausse déclaration de la part de l'assuré, qu'il y ait dol ou négligence, quand cette réticence ou cette fausse déclaration change l'objet du risque ou en diminue l'opinion pour l'assureur.

L'assurance est nulle même dans le cas où soit la réticence, soit la fausse déclaration n'aurait pas influé sur la réalisation du sinistre.

Les primes payées demeurent acquises à l'assureur. Le payement des primes dues doit avoir lieu à titre de dommages-intérêts.

L'omission ou la déclaration inexacte, sans qu'il y ait eu, de la part de l'assuré, connaissance du fait omis ou inexactement déclaré, n'entraîne pas la nullité de l'assurance.

Quand l'omission ou la déclaration inexacte est constatée avant tout sinistre, l'assureur a le droit de résilier le contrat dix jours après notification adressée à l'assuré par lettre recommandée, à moins que l'assureur ne consente à maintenir le contrat moyennant une augmentation de prime acceptée par l'assuré.

Dans le cas où la constatation n'a lieu qu'après un sinistre, l'indemnité est réduite en proportion de ce dont le taux des primes payées a été inférieur au taux des primes qui auraient été dues si les risques avaient été complètement et exactement déclarés.

Art. 37. Sont nulles :

1° Toute clause générale frappant de déchéance l'assuré en cas de violation des lois ou des règlements, à moins que cette violation ne constitue un crime ou un délit correctionnel ou n'implique une faute lourde de l'assuré;

2° Toute clause frappant de déchéance l'assuré à raison du simple retard apporté par lui à la déclaration du sinistre aux autorités ou à des productions de pièces, sans préjudice du droit pour l'assureur de réclamer une indemnité proportionnée au dommage que ce retard lui a causé.

La disposition de l'alinéa 1 du présent article ne met pas obstacle à ce que la déchéance soit stipulée à raison de la violation des dispositions de lois ou de règlements dont le texte est intégralement reproduit dans la police.

SECTION IV.

De la prescription.

Art. 38. Toutes actions dérivant d'un contrat d'assurance sont prescrites par un an à compter de l'événement qui y donne naissance.

Toutefois, ce délai ne court :

1° En cas de réticence ou de fausse déclaration, que du jour où elle a été découverte par l'assureur;

2° En cas de sinistre, que du jour où l'assuré en a eu connaissance, s'il prouve qu'il l'a ignoré jusque là.

Quand l'action de l'assuré contre l'assureur a pour cause le recours d'un tiers, le délai de la prescription ne court que du jour où ce tiers a exercé une action en justice contre l'assuré ou a été indemnisé par ce dernier.

Art. 39. La durée de la prescription ne peut être abrégée par une clause de la police.

Toutefois, il peut être convenu, en matière d'assurance sur la vie, que l'assureur renonce à se prévaloir absolument ou après le payement d'un certain nombre de primes, des omissions ou des déclarations inexactes provenant d'une simple négligence de la part de l'assuré.

Art. 40. La prescription annale court même contre les mineurs, les interdits et tous autres incapables.

Elle peut être interrompue par une des causes ordinaires d'interruption de la prescription. L'interruption de la prescription de l'action en payement de la prime peut, en outre, résulter de l'envoi d'une lettre recommandée adressée par l'assureur à l'assuré.

TITRE II.

DES ASSURANCES CONTRE L'INCENDIE.

Art. 41. L'assureur contre l'incendie répond de tous dommages causés par conflagration, embrasement ou simple combustion. Toutefois, il ne répond pas de ceux occasionnés par la seule action de la chaleur ou par le contact direct et immédiat du feu ou d'une substance incandescente, s'il n'y a eu ni incendie ni commencement d'incendie susceptible de dégénérer en incendie véritable.

Art. 42. Les dommages matériels résultant immédiatement et directement de l'incendie ou du commencement d'incendie sont seuls à la charge de l'assureur.

Art. 43. Sont assimilés aux dommages matériels et directs les dommages matériels occasionnés aux objets compris dans l'assurance par les secours et par les mesures de sauvetage.

Art. 44. L'assureur répond, nonobstant toute stipulation contraire, de la perte ou de la disparition des objets assurés survenue pendant l'incendie, à moins qu'il ne prouve que cette perte ou cette disparition est provenue d'un vol.

Art. 45. L'assureur ne répond pas des pertes et détériorations de la chose assurée provenant du vice propre, mais il garantit les dommages d'incendie qui en sont la suite, à moins que le vice propre n'ait été connu de l'assuré seul lors de la conclusion du contrat.

Art. 46. L'assurance ne couvre pas les incendies occasionnés par les éruptions de volcans, les tremblements de terre, les ouragans, les trombes et autres cataclysmes.

TITRE III.

DES ASSURANCES SUR LA VIE.

Art. 47. La vie d'une personne peut être assurée par elle-même ou par un tiers.

Art. 48. L'assurance en cas de décès contractée par un tiers sur la tête de l'assuré, est nulle si ce dernier n'y a pas donné son consentement par écrit avec indication de la somme assurée.

Il en est de même si, lors du décès de l'assuré, l'assureur établit qu'au moment du contrat le souscripteur de la police n'avait aucun intérêt à la vie de l'assuré.

Le consentement de l'assuré doit être donné par écrit pour tout transfert du bénéfice du contrat souscrit sur sa tête par un tiers.

L'assuré peut, à toute époque, exiger la résiliation de l'assurance souscrite sur sa tête par un tiers, s'il prouve que l'intérêt à raison duquel l'assurance a été souscrite ou transférée, n'existe plus. Toutefois, l'assurance subsiste s'il existe une autre cause légitime de continuation de l'assurance.

Art. 49. Il est défendu à toute personne de contracter une assurance en cas de décès sur la tête d'un mineur âgé de moins de 15 ans, d'un interdit, d'une personne placée dans une maison d'aliénés.

Toute assurance contractée en violation de cette prohibition est nulle.

La nullité est prononcée sur la demande de l'assureur, du souscripteur de la police ou du représentant de l'incapable.

Les primes payées doivent être intégralement restituées.

L'assureur et le souscripteur sont, en outre, passibles, pour chaque assurance conclue sciemment en violation de cette interdiction, d'une amende de 100 à 5.000 francs.

Les dispositions du présent article ne mettent point obstacle à l'assurance, pour le cas de décès, du remboursement des primes payées en exécution d'un contrat d'assurance en cas de vie souscrit sur la tête d'une des personnes visées au premier alinéa du présent article.

Art. 50. Une assurance en cas de décès ne peut être contractée par une autre personne sur la tête d'un mineur parvenu à l'âge de 15 ans, d'une femme mariée, d'un individu pourvu d'un conseil judiciaire sans l'autorisation du tuteur ou du curateur du mineur, du mari, du conseil judiciaire. Cette autorisation ne dispense pas du consentement personnel de l'incapable.

A défaut de cette autorisation ou de ce consentement, la nullité du contrat est prononcée sur la demande soit du tuteur, du curateur, du mari, du conseil judiciaire, soit du souscripteur de la police ou de l'assureur.

Art. 51. La police d'assurance sur la vie doit indiquer, outre les énonciations mentionnées dans l'article 17 :

1° Les nom, prénoms et date de naissance de l'assuré ;

2° Les nom et prénoms du bénéficiaire, s'il y a un bénéficiaire déterminé ;

3° L'événement ou le terme de la survenance duquel dépend l'exigibilité des sommes assurées ;

4° Les conditions de la réduction, si le contrat implique l'admission de la réduction, conformément aux dispositions des articles 66 et 67 ;

Art. 52. La police d'assurance sur la vie peut être à ordre. Elle ne peut être au porteur.

L'endossement d'une police d'assurance sur la vie à ordre doit, à peine de nullité, être daté, indiquer le nom du bénéficiaire de l'endossement et être signé de l'endosseur. L'indication de la valeur fournie n'est pas exigée.

L'endossement n'est opposable à l'assureur qu'autant qu'il a été porté à sa connaissance par lettre recommandée ou que l'assureur a reconnu par écrit le porteur comme bénéficiaire de la police.

Art. 53. L'assureur ne peut s'engager à payer les sommes assurées en cas de suicide volontaire et conscient ou de condamnation capitale de l'assuré.

Tout contrat d'assurance contenant une clause contraire est entièrement nul.

La nullité est prononcée sur la demande de l'assureur ou de l'assuré. La restitution des primes est due par l'assureur.

Art. 54. L'assurance, en cas de décès, est de nul effet si l'assuré se donne volontairement la mort. Toutefois, l'assureur doit payer aux ayants droit une somme égale au montant de la réserve.

La police fixe le nombre des primes annuelles qui doivent avoir été payées lors du suicide pour que cette somme soit due, sans que le nombre de ces primes annuelles puisse être supérieur à trois.

La preuve du suicide de l'assuré incombe à l'assureur; celle de l'inconscience de l'assuré, au bénéficiaire de l'assurance.

Art. 55. Les sommes assurées peuvent être stipulées payables en cas de vie de l'assuré.

Elles peuvent l'être lors du décès de l'assuré.

Elles peuvent l'être soit en cas de vie de l'assuré, à une époque déterminée, soit à son décès arrivé avant cette époque.

Le capital ou la rente assurés peuvent être payables lors du décès de l'assuré soit à ses héritiers et ayants cause soit à un ou plusieurs bénéficiaires déterminés.

Est considérée comme faite au profit de bénéficiaires déterminés la stipulation par laquelle l'assuré attribue le bénéfice de l'assurance soit à sa femme sans indication de nom, soit à ses enfants et descendants nés ou à naître, sans qu'il soit nécessaire d'inscrire leurs noms dans la police ou dans tout autre acte ultérieur contenant attribution du capital assuré.

Les enfants et descendants de l'assuré ainsi désignés ont droit au bénéfice de l'assurance en proportion de leurs parts héréditaires. Ils conservent ce droit même en cas de renonciation.

L'assurance faite au profit de la femme de l'assuré profite à la personne qu'il épouse même après la date du contrat.

En cas de second mariage, le profit de cette stipulation appartient à la veuve.

En l'absence de désignation d'un bénéficiaire déterminé dans la police ou à défaut d'acceptation par le bénéficiaire y désigné, le souscripteur de la police a le droit de désigner un bénéficiaire ou de substituer un bénéficiaire à un autre. Cette désignation ou cette substitution se fait soit entre vifs, par voie d'avenant, ou en remplissant les formalités édictées par l'article 1690 du Code civil, ou, quand la police est à ordre, par voie d'endossement, soit par testament.

Art. 56. — La stipulation en vertu de laquelle le bénéfice de l'assurance est attribué à un bénéficiaire déterminé, devient irrévocable par l'acceptation du bénéficiaire.

Cette acceptation peut être expresse ou tacite.

Tant que l'acceptation n'a point eu lieu, le droit de révoquer cette stipulation n'appartient qu'au stipulant et ne peut, en conséquence, être exercé de son vivant par ses créanciers ni par ses représentants légaux.

Ce droit de révocation ne peut être exercé, après la mort du stipulant, par ses héritiers, que trois mois au moins après que le bénéfice de l'assurance est devenu exigible et un mois au moins après que le bénéficiaire de l'assurance a été mis en demeure d'avoir à déclarer s'il l'accepte.

L'acceptation par le bénéficiaire de la stipulation faite à son profit ou la révocation de cette stipulation n'est opposable à l'assureur que lorsqu'il en a eu connaissance.

L'attribution du bénéfice d'une assurance sur la vie à une personne déterminée est présumée faite sous la condition de l'existence du bénéficiaire à l'époque de l'exigibilité du capital ou de la rente assurés, à moins que le contraire ne résulte des termes de la stipulation ou des circonstances.

Art. 57. Le bénéfice de l'assurance peut être affecté à titre de gage au profit d'un créancier de l'assuré, soit par un avenant, soit par un acte soumis aux formalités de l'article 2075 du Code civil.

Quand la police est à ordre, le gage constitué même pour garantie d'une dette non commerciale, peut être établi par un endossement indiquant que la police a été remise en garantie.

Art. 58. Lorsque l'assurance en cas de décès a été conclue sans désignation d'un bénéficiaire ou au profit des héritiers ou ayants cause de l'assuré, le capital assuré fait partie de la succession de celui-ci.

Art. 59. Les sommes stipulées payables lors du décès de l'assuré à un bénéficiaire déterminé ne font pas partie de la succession de l'assuré. Le bénéficiaire, quelles que soient la forme et la date de sa désignation, est réputé y avoir eu seul droit à partir du jour du contrat, même si son acceptation est postérieure à la mort de l'assuré.

Art. 60. Les sommes payables au décès de l'assuré à un bénéficiaire déterminé ne sont soumises ni aux règles du rapport à succession ni à celles de la réduction pour atteinte à la réserve des héritiers de l'assuré.

Ces règles ne s'appliquent pas non plus aux sommes versées par l'assuré à titre de primes, à moins que celles-ci n'aient été manifestement exagérées eu égard à ses facultés.

Art. 61. Le capital assuré au profit d'un bénéficiaire déterminé ne peut être réclamé par les créanciers de l'assuré. Ces derniers ont seulement droit au remboursement des primes, dans les cas indiqués par l'article 60, 2e alinéa, en vertu soit de l'article 1167 du Code civil, soit des articles 446 et 447 du Code de commerce.

Art. 62. Tout bénéficiaire, peut après avoir accepté la stipulation faite à son profit, transmettre le bénéfice du contrat soit par une cession faite dans la forme de l'article 1690 du Code civil, soit, si la police est à ordre, par un endossement. Toute transmission, de quelque nature qu'elle soit, est nulle si la personne sur la vie de laquelle l'assurance repose n'y a pas donné son consentement par écrit.

Art. 63. Le bénéfice de l'assurance contractée par un époux commun en biens en faveur de son conjoint, constitue un propre pour celui-ci.

Aucune récompense n'est due à la communauté à raison des primes payées par elle, sauf dans les cas spécifiés dans l'article 60, 2e alinéa.

Les articles 559 et 564 du Code de commerce, concernant les droits de la femme du failli, sont sans application en cas d'assurance sur la vie contractée par un commerçant au profit de sa femme.

Art. 64. Les époux peuvent contracter deux assurances réciproques sur la tête de chacun d'eux par un seul et même acte.

Art. 65. L'assuré a seul, à l'exclusion de ses créanciers, le droit soit de maintenir le contrat, soit d'opter pour la réduction ou pour le rachat.

Quand l'assurance est maintenue, elle subsiste avec tous ses effets au profit du bénéficiaire déterminé, mentionné dans la police ou dans un avenant.

Quand il n'y a pas de bénéficiaire déterminé, toute personne peut maintenir le contrat à son profit, si l'assuré y consent, à charge par elle de rembourser aux créanciers de l'assuré la valeur de rachat.

Art. 66. L'assureur n'a pas d'action pour exiger le payement des primes.

Le défaut de payement d'une prime n'a pour sanction, après accomplissement des formalités prescrites par l'article 29, que la résiliation pure et simple de l'assurance ou la réduction de ses effets.

Dans les contrats d'assurances en cas de décès faites pour la durée entière de la vie de l'assuré sans condition de survie et dans tous les contrats où les sommes ou rentes assurées sont payables après un certain nombre d'années, le défaut de payement ne peut avoir pour effet que la réduction, nonobstant toute convention contraire, quand trois primes annuelles au plus ont été payées.

La réduction peut porter notamment soit sur le montant de la somme ou de la rente assurée, soit sur la durée de l'assurance.

Art. 67. Les conditions de la réduction, quel qu'en soit l'objet, doivent être indiquées dans la police de manière que l'assuré puisse à toute époque connaître la somme à laquelle l'assurance ou la durée de l'assurance, sera réduite en cas de résiliation du contrat.

L'assurance réduite quant à la somme assurée, ne peut être inférieure:

Dans les assurances en cas de décès, à celle que l'assuré obtiendra en appliquant comme prime unique à la souscription d'une assurance de même nature et conformément aux tarifs en vigueur lors de l'assurance primitive, une somme égale à la réserve de son contrat à la date de la résiliation, sous déduction de 1 p. 100 au maximum de la somme primitivement assurée;

Dans les assurances d'une somme payable après un certain nombre d'années, à une fraction de la somme primitivement assurée proportionnelle au nombre des primes versées.

Quand l'assurance a été souscrite pour partie moyennant le payement d'une prime unique, la partie de l'assurance qui correspond à cette prime demeure en vigueur, nonobstant le défaut de payement des primes périodiques.

Art. 68. Sauf dans les cas prévus par les art. 54 et 69, et dans ceux où la résiliation du contrat est imposée par l'assureur à l'assuré, le rachat est facultatif. Il en est de même des avances à faire par l'assureur à l'assuré.

Le prix du rachat, les sommes à avancer, le taux de l'intérêt des avances, le nombre des primes à payer avant que le rachat ou les avances puissent être demandés doivent être déterminés par un règlement général arrêté par l'assureur et déposé à la Direction de l'assurance et de la prévoyance sociales au Ministère du Commerce et de l'Industrie. Ce règlement ne peut être modifié que par des règlements généraux postérieurs soumis au même dépôt.

Ces règlements ne sont opposables qu'aux assurés dont les demandes de rachat ou d'avances sont postérieures au dépôt.

Ces demandes cessent d'être valables si, dans le délai d'un mois de leur date, elles n'ont pas été suivies d'effet, du fait de l'assuré.

Les dispositions du règlement général ne peuvent être modifiées par une convention particulière.

En cas de rachat et d'avances comme en cas de réduction, l'assureur doit fournir à l'intéressé, sur sa requête, les données nécessaires à la vérification des calculs.

Art. 69. Le contrat d'assurance cesse nécessairement d'avoir effet lorsque le bénéficiaire, volontairement ou par son fait, a occasionné la mort de l'assuré, à moins qu'il n'y ait eu une simple imprudence.

Le montant de la réserve doit être versé par l'assureur aux héritiers ou ayants cause de l'assuré si les primes ont été payées pendant un délai de trois années au plus.

En cas de simple tentative, l'assuré a le droit de révoquer l'attribution du bénéfice de l'assurance même si l'auteur de cette tentative avait déjà accepté le bénéfice de la stipulation faite à son profit.

Art. 70. En cas de désignation d'un bénéficiaire par testament, le payement des sommes assurées fait à celui qui, sans cette désignation, y aurait eu droit, est libératoire pour l'assureur de bonne foi.

Art. 71. En cas de perte d'une police d'assurance sur la vie, l'assureur est tenu d'en délivrer duplicata à l'assuré ou au dernier détenteur légitime de lui connu, sur sa simple affirmation qu'il n'a conféré aucun droit sur ladite assurance. Le duplicata tient lieu du titre perdu, sauf quand la police est à ordre.

Dans aucun cas, l'assureur ne peut refuser le payement des sommes assurées au bénéficiaire, aux héritiers ou ayants cause de l'assuré du jour où l'assureur a le droit d'opposer la prescription à tout prétendant-droit qui se présenterait ultérieurement.

Art. 72. L'erreur sur l'âge de l'assuré n'entraîne la nullité de l'assurance que lorsque son âge véritable se trouve en dehors des limites fixées pour la conclusion des contrats par les tarifs de l'assureur.

Dans tout autre cas, si, par suite d'une erreur de ce genre, la prime payée est inférieure à celle qui aurait dû être acquittée, le capital ou la rente assuré est réduit en proportion de la prime perçue et de celle qui aurait correspondu à l'âge véritable de l'assuré. Si, au contraire, par suite d'une erreur sur l'âge de l'assuré, une prime trop forte a été payée, l'assureur est tenu de restituer la portion de prime qu'il a reçue en trop, sans intérêts.

Art. 73. En cas de faillite ou de liquidation judiciaire de l'assureur et, sauf le cas où, conformément à l'article 34, il présente une caution solvable, la créance de chacun des bénéficiaires des contrats en cours est arrêtée au jour du jugement de déclaration de faillite ou de liquidation judiciaire, à une somme égale à la réserve de chaque contrat calculée, sans aucune majoration, sur les bases techniques du tarif des primes en vigueur lors de la conclusion du contrat.

TITRE IV.

DES ASSURANCES CONTRE LES ACCIDENTS.

Art. 74. L'assurance contre les accidents est un contrat par lequel l'assureur s'oblige, moyennant une prime, à payer un capital déterminé soit à l'assuré lui-même, soit à ses héritiers ou ayants cause, soit à des bénéficiaires désignés, en cas de mort ou d'incapacité de travail, permanente ou temporaire, ayant pour cause un accident quelconque ou un accident d'une certaine sorte atteignant l'assuré. L'assuré peut être soit le souscripteur lui-même, soit une ou plusieurs personnes dans l'intérêt desquelles le souscripteur a conclu le contrat d'assurance.

Les dispositions de la présente loi relatives aux assurances sur la vie s'appliquent aux assurances contre les accidents, sauf les exceptions et modifications indiquées dans les articles suivants.

Art. 75. Dans l'assurance contre les accidents le payement de la prime est obligatoire.

Art. 76. Les dispositions de la présente loi relatives à la réduction et au rachat en matière d'assurances sur la vie, ne s'appliquent point aux assurances contre les accidents.

Art. 77. Quand l'assuré n'est pas le souscripteur de la police, il peut, par dérogation à l'article 51, être désigné par la seule indication de sa profession ou de sa fonction.

Dans ce cas, les dispositions de l'art. 49 qui défendent de contracter une assurance sur la tête d'un mineur âgé de moins de 15 ans, sont sans application.

Art. 78. Il n'est dérogé ni aux dispositions des lois et décrets relatifs aux assurances contractées par les chefs d'entreprise à raison de la responsabilité des accidents de travail survenus à leurs ouvriers ou employés, ni aux dispositions spéciales concernant les assurances faites par les Caisses nationales d'assurances en cas de décès et en cas d'accidents.

TITRE V.

DISPOSITIONS TRANSITOIRES.

Art. 79. Les dispositions de la présente loi auxquelles il est permis de déroger, régissent même les contrats d'assurance en cours au moment de sa promulgation, à moins de clauses contraires.

Art. 80. Les dispositions de la présente loi portant prohibition de certaines clauses ne régissent que les assurances souscrites après sa promulgation.

Sont pourtant applicables aux assurances antérieures :

L'article 4 déterminant la nature civile ou commerciale du contrat d'assurance;

L'article 15 limitant la durée de la nouvelle assurance en cas de tacite reconduction pour les assurances expirant après la promulgation de la présente loi;

Les articles 29 et 66 fixant les conséquences du défaut de payement d'une prime;

L'article 32 relatif aux conséquences de la diminution des risques;

L'article 37, deuxième alinéa, déclarant nulles certaines clauses de déchéance contre l'assuré, pour les faits postérieurs à la promulgation de la présente loi;

L'article 48 relatif aux assurances en cas de décès contractées sur la tête d'un tiers;

L'article 49 prohibant les assurances contractées par d'autres personnes sur la tête d'un mineur de quinze ans, à l'exclusion de la disposition pénale sanctionnant cette prohibition;

L'article 53 déclarant nulle l'assurance contenant une clause par laquelle l'assureur s'oblige à payer les sommes assurées en cas de suicide de l'assuré.

Art. 81. Les actions résultant des contrats d'assurance conclus antérieurement à la promulgation de la présente loi sont soumises aux prescriptions qu'elle établit.

Les prescriptions commencées et pour lesquelles il faudrait des délais supérieurs à ceux de la présente loi, seront accomplies par les délais qu'elle détermine. Ces délais ne courront que du jour de sa promulgation.

Art. 82. Les contrats d'assurance qui, conclus avant la promulgation de la présente loi, seront prolongés postérieurement en vertu d'une clause de tacite reconduction, seront soumis sans exception à toutes les dispositions de la présente loi, pourvu qu'au jour de sa promulgation, les parties contractantes se trouvent encore dans le délai utile pour éviter par une dénonciation l'effet de la clause de tacite reconduction.

Les règles spéciales de compétence en matière d'assurances édictées par la loi du 2 janvier 1902 s'appliquent aux contrats renouvelés ou prolongés par tacite reconduction depuis la mise en vigueur de cette loi, nonobstant toute stipulation contraire.

Imprimerie nationale. — 1904.

www.ingramcontent.com/pod-product-compliance
Lightning Source LLC
LaVergne TN
LVHW020412230826
846091LV00004B/1250

* 9 7 8 2 0 1 3 3 6 3 0 0 6 *